Dieses Buch gehört:

____

In dieser Reihe erschienen:

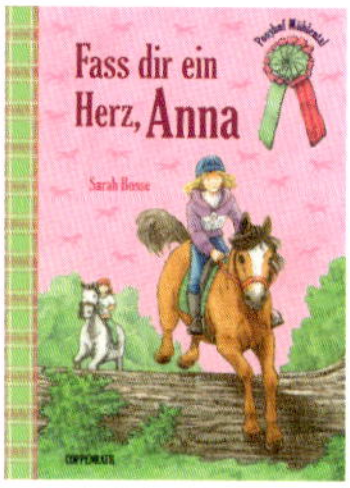

ISBN 978-3-8157-4073-6
(Band II)

ISBN 978-3-8157-7848-7
(Band III)

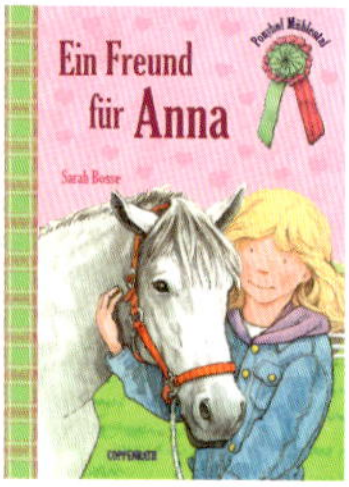

ISBN 978-3-8157-8160-9
(Band IV)

ISBN 978-3-8157-9280-3
(Band V)

5 4 12 11 10 09 08
ISBN 978-3-8157-4072-9

Printed in China
www.coppenrath.de

20.09.

Sarah Bosse

Ponyhof Mühlental

Du schaffst das, Anna

Mit Illustrationen von
Stephan Baumann

COPPENRATH

Aller Anfang ist komisch

Da war es wieder. Anna spürte ganz deutlich dieses merkwürdige Kribbeln im Bauch. Wenn sie das Robert, ihrem älteren Bruder, anvertrauen würde, hätte der sicher nur ein spöttisches Grinsen für sie übrig. Vielleicht spürt Robert das Kribbeln ebenso, dachte Anna, schließlich ist für ihn auch alles neu. Aber das würde er natürlich niemals zugeben. Jungs in dem Alter sind so. Die sind immer einfach nur abgebrüht und cool. Außerdem hatte Robert sowieso nur seine Musik im Kopf. Was kümmerte ihn da, was um ihn herum geschah?

Natürlich, den Hof im Mühlental kannte Anna ja schon lange, denn er gehörte früher Mamas Bruder Martin, dem Maler, dem es im Münsterland zu kalt war. Deshalb hatte er seiner Schwester den elterlichen Hof vor einigen Monaten überlassen und war nach Gran Canaria gezogen, um dort Bilder mit viel Sonne drin zu malen.

Aller Anfang ist komisch

Da war es wieder. Anna spürte ganz deutlich dieses merkwürdige Kribbeln im Bauch. Wenn sie das Robert, ihrem älteren Bruder, anvertrauen würde, hätte der sicher nur ein spöttisches Grinsen für sie übrig. Vielleicht spürt Robert das Kribbeln ebenso, dachte Anna, schließlich ist für ihn auch alles neu. Aber das würde er natürlich niemals zugeben. Jungs in dem Alter sind so. Die sind immer einfach nur abgebrüht und cool. Außerdem hatte Robert sowieso nur seine Musik im Kopf. Was kümmerte ihn da, was um ihn herum geschah?

Natürlich, den Hof im Mühlental kannte Anna ja schon lange, denn er gehörte früher Mamas Bruder Martin, dem Maler, dem es im Münsterland zu kalt war. Deshalb hatte er seiner Schwester den elterlichen Hof vor einigen Monaten überlassen und war nach Gran Canaria gezogen, um dort Bilder mit viel Sonne drin zu malen.

Schon bei ihren früheren Besuchen hatten Anna und Robert jeden Winkel des Gehöfts erkundet. Hier kannten sie sich gut aus. Aber jetzt selbst auf diesem Hof zu leben, das war etwas ganz anderes! Auch wenn Anna mit ihrer Familie bereits seit zwei Wochen hier wohnte, war doch immer noch alles rund um sie herum neu, vor allem die Gerüche und die Geräusche. Daher das Kribbeln.
Doch wenn Anna ganz ehrlich zu sich selbst war, dann gab es heute noch einen anderen Grund dafür, dass das Kribbeln wieder stärker wurde. Der Grund hieß Luisa.

Luisas Mutter Adelheid war Tierärztin und eine gute Freundin von Annas Mutter Isabel. Als Annas Familie sich entschloss den Hof im Mühlental zu übernehmen, war die

Idee gewachsen, den alten Kornspeicher zu renovieren. Adelheid wollte dort eine Tierarztpraxis eröffnen.
Nun war es so weit. Das Werk war vollbracht. Das alte Backsteinhaus mit seiner Fachwerkfassade erstrahlte in neuem Glanz. Mit dem Haupthaus, den Stallungen und der alten Scheune, die nun zur Reithalle umfunktioniert worden war, schmiegte es sich zwischen die sanften Hügel der Baumberge.
Heute würde Adelheid einziehen und mit ihr Luisa. Anna und Luisa hatten sich früher einige Male gesehen. Anna musste zugeben, dass sie sich gut verstanden hatten, und deshalb freute sie sich zuerst auch, als sie hörte, dass Luisa in den alten Speicher einziehen würde.
Doch jetzt, da der Tag gekommen war, beschlich sie ein sonderbares Gefühl. Sie würden zusammen auf einem Hof leben und das bedeutete, dass sie zukünftig viel Zeit miteinander verbrachten. Wer wusste schon, ob sie sich auch dann noch gut verstanden, wenn sie sich ständig sahen? Anna war sich nicht im Klaren, ob sie sich freuen oder fürchten sollte. Vielleicht tat sie beides zugleich.

Als der große Umzugstransporter die abschüssige Zufahrt ins Mühlental herabgerumpelt kam, verschwand Anna im Haus. Lieber wollte sie sich erst einmal alles aus der Ferne angucken.
Die Seitenwände des Lkw streiften die Bäume, die rechts und links des Weges wuchsen, und Blätter flogen wild durch die Luft. Auch ein dunkelbraunes Huhn, das am Wegesrand nach Würmern gepickt hatte, flatterte aufgeregt davon.

Wie ein Wirbelwind kommt sie in unser Tal gesaust, dachte Anna und wartete auf den Moment, da Luisa aus dem Kombi steigen würde, der dem Lastwagen vorausfuhr.
Ihre Eltern standen natürlich längst im Hof, um Adelheid und ihre Tochter zu begrüßen. Auch Robert hatte sich breitschlagen lassen, seine Gitarre wegzulegen und beim Möbelschleppen zu helfen. Die Hände tief in seinen Hosentaschen vergraben, stand er etwas gelangweilt neben seinen Eltern.
Inzwischen wurde das Kribbeln beinahe unerträglich.

Anna zwirbelte sich nervös den Gardinenzipfel um den Finger, als Luisa endlich aus dem Wagen sprang und den Eltern fröhlich entgegenhüpfte. Sie redeten kurz miteinander, dann zeigte Annas Mutter zum Haus. Bestimmt hatte Luisa nach ihr gefragt! Kribbeln hin, Kribbeln her, jetzt muss ich rausgehen!, schoss es Anna durch den Kopf. Bevor sie aus der Haustür trat, holte sie noch einmal tief Luft.

„Da ist sie ja!", hörte sie ihre Mutter sagen und bemerkte, wie alle zu ihr hinübersahen. Jetzt fühlte sich das Kribbeln an wie das Rattern eines Presslufthammers. Möglichst lässig versuchte Anna die drei Stufen zum Hof hinunterzuschlendern und stolperte prompt über Fridolin. Der schwarze Kater kreischte kurz auf und suchte dann mit einem Riesensatz das Weite.

Anna spürte, wie ihr das Blut in den Kopf stieg. Was für ein saublöder Start! Hauptsache, sie lachen mich jetzt nicht aus!

Plötzlich stand Luisa neben ihr und reichte ihr die Hand, um ihr auf die Füße zu helfen. „Na, das war aber nicht nötig, dass du vor mir auf die Knie fällst", sagte sie und grinste breit. „Ein einfaches ‚Hallo, Luisa' hätte auch genügt. Du hast dir doch nicht wehgetan?"

Anna klopfte sich mit beiden Händen den Staub von den Jeans. „Nix passiert. Die Hose ist auch noch heil. Hoffentlich hat Fridolin nichts abgekriegt."

Luisa winkte ab. „Mach dir mal um den keine Sorgen. So Katzen sind hart im Nehmen."

Anna zuckte die Schultern. „Ich hab ihn sowieso im Verdacht, dass er mir manchmal absichtlich in den Weg läuft, um mich zu ärgern."
Luisa lachte. „Siehst du, dann ist er selber schuld."
„Anna, Luisa, kommt, es geht los!", rief Rolf, Annas Vater. „Wir wollen doch heute fertig werden!"
Luisa verdrehte die Augen. „Dass die Erwachsenen immer solch einen Stress machen müssen! Hilfst du mir mein Zimmer einzuräumen?"
„Klar!", rief Anna.
„Aber zuerst musst du mir dein Pony zeigen", sagte Luisa. „Ich bin so gespannt."
Anna seufzte. „Wenn ich das könnte, dann wäre ich echt froh."
Luisa zog erstaunt die Augenbrauen hoch. „Wie meinst du das?"
„Fee kommt erst am Wochenende zusammen mit Mamas Digger und zwei anderen Pferden", erklärte Anna. Es war ihr anzusehen, dass sie traurig darüber war, dass ihre Stute noch nicht bei ihr sein konnte.
„Aber warum?", hakte Luisa nach. „Ihr seid doch schon eine Weile hier."

Anna nickte. „Zwei Wochen, um genau zu sein. Aber die Weidezäune mussten erneuert werden – mein Onkel hatte in all den Jahren, in denen er hier allein gelebt hat, nichts dran gemacht – und in den Ställen war auch noch einiges zu tun. Außerdem meinte Mama, es sei besser, die Pferde kommen erst, wenn im Haus alles so weit klar Schiff ist, damit wir genug Zeit haben, uns um die Tiere zu kümmern. Also bleiben sie eben noch ein Weilchen im alten Reitstall, dem Waldhof."

„Dort, wo deine Mum auch Reitstunden gegeben hat?" Luisa zuckte die Schultern. „Wie schade. Ich hatte so gehofft, wir könnten heute schon ein bisschen reiten."

Anna grinste. „Ich glaube, da wären die Erwachsenen ziemlich sauer, wenn wir uns verkrümeln würden und ihnen die Arbeit überließen. Schau, wie sie uns ansehen, nur weil sie schon schuften und wir noch quatschen."

Also stiefelten die beiden Mädchen über den Hof auf den Umzugswagen zu.

Luisa war ein kleines bisschen größer als Anna und hatte dieselbe schlanke, aber kräftige Figur wie ihre Mutter. Wie es sich für eine Tierärztin gehört, dachte Anna und schmunzelte dabei über sich selbst. Luisa hatte ihre dunkelblonden

Haare zu einem Pferdeschwanz gebunden, der bei jedem Schritt lustig auf dem Rücken wippte.
Adelheids Händedruck war kräftig. „Hallo, Anna. Na, bist du auch so aufgeregt, weil du uns verrückte Hühner jetzt als Nachbarn kriegst?"
Anna fühlte sich ertappt und lächelte verlegen. „Iwo."
„Also, Luisa hat fast die ganze Nacht nicht geschlafen", rief Adelheid und warf lachend den Kopf in den Nacken. „Vor allem, weil sie sich ganz viele Gedanken darüber gemacht hat, wie es mit euch beiden so laufen wird."
Plock!
Luisa hatte ihrer Mutter gegen die Schulter geboxt.
„Mensch, Mama, du musst doch nicht immer alles ausplappern! Dir kann man auch gar nichts anvertrauen!"
Adelheid tat so, als habe der Schlag wehgetan, und rieb sich mit schmerzverzerrter Miene die Schulter. „Also, wenn du zu viel Kraft hast, dann fang lieber an Möbel zu schleppen."
Auf dieses Stichwort hin räusperte sich einer der Möbelpacker. „Ich will ja nichts sagen, aber ihr steht hier ein bisschen im Weg, Mädels. Entweder mithelfen oder zur Seite gehen."

Und schon sah sich Anna mit einer Klappbox voller Krempel die Stufen hinaufsteigen. Eifrig schleppten die Mädchen Kartons, einen Teppich, einen Stuhl und kleinere Möbelteile in Luisas Zimmer. Die schwereren Sachen überließen sie den Möbelpackern. Den Schreibtisch und die Matratze trugen Robert und Rolf die Treppe hinauf.

Als Robert Luisas Zimmer verließ, klopfte er an den Türrahmen. „Viel Spaß im Chaos!“
Die Mädchen sahen sich in dem Zimmer um. Robert hatte recht: Alles stand wie Kraut und Rüben durcheinander.
Anna kratzte sich am Kopf. „Oje, wir sind das Ganze wohl ziemlich konzeptlos angegangen, was? Hast du denn überhaupt schon eine Idee, wie du die Möbel stellen willst?“
Luisa zuckte die Schultern. „Wenn ich ehrlich bin, nein.“
Anna hockte sich auf den Schreibtisch. „Komm, wir überlegen mal.“
„Das Wichtigste ist das Bett“, stellte Luisa fest. „Genau gegenüber vom Fenster soll es stehen. Genau so, dass ich morgens von den Sonnenstrahlen geweckt werde. Darauf bestehe ich. Komm, wir probieren es mal selbst.“
Eifrig machten sich die Mädchen an die Arbeit. Mit dem Inbusschlüssel war der verschnörkelte Metallbettrahmen schnell zusammengeschraubt. Schließlich hockten Anna und Luisa auf der Matratze und verschnauften. „War gar nicht so schwer“, stellte Luisa stolz fest.
„Sag mal, warst du wirklich so aufgeregt?“, traute sich Anna nach einer Weile zu fragen. „Ich meine, weil wir jetzt zusammen auf dem Hof hier leben und so?“

5
Snörre

Luisa lachte. „Das ist doch wohl klar! Schließlich gehen wir uns jetzt jeden Tag gegenseitig auf den Geist. Jeden Tag! Richtig gekribbelt hat das, sag ich dir."
Anna war sehr erstaunt, dass Luisa das so ehrlich zugab. „Gekribbelt? Das kenn ich. Im Bauch, nicht wahr?"
Luisa schüttelte kichernd die Hände. „Ja, und in den Handflächen."
Jetzt musste Anna laut lachen. „Sogar unter den Fußsohlen!"
„Wenn ich euer Gegacker mal kurz unterbrechen dürfte..."
Adelheid stand im Türrahmen. „Unten gibt es was zu trinken und Kuchen und belegte Brote. Kommt ihr?"
Das ließen sich die Mädchen nicht zweimal sagen und stürmten die Treppe hinab. Diesmal passte Anna auf, dass ihr keine Katze in die Quere kam. Die Luft war rein. Kein Stubentiger war in der Nähe. Also nahm sie die letzten drei Stufen in einem Satz ... und flog einem der Möbelpacker, der gerade um die Ecke kam, direkt in die Arme.
„Hoppla!", rief er lachend. „Hast wohl zu viel Fallobst gegessen!"
Da packte Luisa sie am Arm und reichte ihr ein Glas Apfelschorle. „Was du brauchst, ist eine Stärkung. Das viele

Schleppen und so, das zehrt an den Kräften, da versagen einem schon mal die Beine. Komm, hier steht ein erstklassiger Kirschkuchen."

„Na hör mal!", rief Anna gespielt empört. „Natürlich ist der Kuchen erstklassig. Den habe ich schließlich selbst gebacken!"

„Ups!", machte Luisa und grinste. „Da bin ich aber mal gespannt, wie viele Kirschkerne ich finde!"

Doch bevor die Mädchen sich von dem Kuchen nehmen konnten, drängelte Robert sich vor, schaufelte sich zwei der größten Stücke auf einen Teller und verschwand damit wortlos.

Anna zeigte mit dem Daumen über die Schulter. „Was ist denn mit dem los?"

Annas Mutter grinste. „Er meint, er hat genug geschleppt und jetzt will er sich um seinen Probenraum kümmern."

Anna riss die Augen auf. „Hab ich richtig gehört? Probenraum?"

Die Mutter nickte. „Wir haben ihm erlaubt in dem alten Schweinestall einen Probenraum einzurichten."

Anna schwante Böses. „Hoffen wir, dass er an einen vernünftigen Schallschutz denkt..."

Den Rest des Tages und des Abends brachten die Mädchen damit zu, Luisas Zimmer in ein gemütliches Lager zu verwandeln, denn es war nicht zu übersehen, dass Luisa für Indianer schwärmte. So zierte ein bunter Indianerschmuck, den ihr ein Freund von Adelheid aus Amerika mitgebracht hatte, die Wand über ihrem Bett, auf dem eine Tagesdecke mit indianischen Motiven lag.

„Und was ist das?“ Anna hielt ein flaches, rundes Ding mit Perlen und Federn in die Höhe.

„Das ist ein Traumfänger“, erklärte Luisa. „Die Indianer sagen, dass er angeblich die guten Träume einfängt und die schlechten abwehrt. Der kommt natürlich genau über mein Bett.“

Als der bunte Flickenteppich auf dem Holzboden ausgerollt war und die Pferdeposter ihren Platz an den Wänden gefunden hatten, zündeten die Mädchen ein Räucherstäbchen und ein kleines Windlicht an und machten es sich im Schneidersitz auf dem Bett gemütlich, um zu plaudern.

„Ich sag dir, du wirst begeistert sein von Fee“, sagte Anna. „Sie sieht ungemein rassig und sportlich aus, weißt du, sie ist nämlich ein Arabermischling. Sie hat sogar den typischen Araberknick.“

„Du meinst die leicht nach oben gebogene Nase?“, fragte Luisa. „Na, ich hoffe doch, dass sie am Ende nicht noch hochnäsig ist?“

„Nein!“, rief Anna und lachte. „Sie ist das allerbeste und liebste Pony auf der ganzen Welt. Ihr Fell hat die Farbe von schwarzem Kaffee mit einem ganz kleinen Schuss Milch drin und wenn die Sonne sich darin bricht, dann schimmert es wie Kupfer.“

Luisa kicherte leise. „Na, da bin ich aber wirklich gespannt auf dein schimmerndes Pony.“

Als Annas Eltern am Abend heraufkamen, um ihre Tochter mit ins Gutshaus hinüberzunehmen, waren beide Mädchen eingeschlafen.

Die Ponys kommen!

Noch bevor die Sonnenstrahlen die Mädchen wecken konnten, hallte ein wohlbekanntes Geräusch über den Hof. Sofort waren beide hellwach.

„Hat da tatsächlich ein Pferd gewiehert?“, rief Luisa. Mit einem Satz war sie ans Fenster gesprungen. „Anna, die Ponys sind da!“

Anna schüttelte sich wie ein nasser Hund, um richtig wach zu werden. „Welche Ponys? Und warum jetzt? Fee und die Pferde kommen doch erst am Wochenende. Haben wir etwa so lange geschlafen?“

Luisa zeigte Anna einen Vogel und dann aus dem Fenster. „Da sind aber lauter Shettys.“

„Shetland-Ponys?“ Jetzt kam auch Anna zum Fenster gehuscht.

Unten stand ein dunkelgrüner Geländewagen mit einem großen Pferdeanhänger. Rolf und ein fremder Mann mit einer Lodenjacke waren dabei, zwei kleine Ponys aus dem

Anhänger zu führen. Eins war gescheckt, das andere dunkelbraun.
Neben dem Anhänger stand Isabel mit einem Führstrick in der Hand und winkte den Mädchen zu. „Guten Morgen, ihr Schlafmützen. Überraschung!“ Dann verschwand auch sie in dem Anhänger und kam gleich darauf mit einem dritten Pony heraus.
Verschlafen warf Anna einen Blick auf die Uhr. „Schlafmützen! Die ist gut. Es ist gerade mal halb sieben. Träum ich etwa noch?“
Luisa boxte ihr lachend gegen die Schultern. „Nein. Und wenn du mich fragst, dann schau ich mir jetzt die neuen Zossen an.“
„Sag mal, boxt du eigentlich jeden gegen die Schulter, der dir in die Quere kommt?“, fragte Anna und gähnte.
„Sorry, ist eine blöde Angewohnheit von mir“, entschuldigte sich Luisa grinsend. „Wie praktisch, dass wir von gestern Abend noch unsere Klamotten anhaben. Das spart Zeit.“
Anna zog eine Grimasse. „Also, die Zähne werde ich mir wenigstens putzen.“ Sie eilte hinter Luisa die Treppe hinunter und ertappte sich dabei, wie sie die letzten Stufen

ganz vorsichtig eine nach der anderen nahm, sodass ja nicht wieder ein Unfall passierte. Doch unten angekommen fuhr sie vor Schreck zusammen. Neben ihr stand ein Gespenst!
„Nicht erschrecken, ihr zwei, ich bin's nur. Ich wohne hier neuerdings", sagte Adelheid im altmodischen Leinennachthemd.
„Mama, musst du dich immer so anschleichen?", schimpfte Luisa.
„Ich wollte raus und gucken", erklärte Adelheid unschuldig. „Ich glaube, die Shetland-Ponys sind gekommen."

Ich glaube, die Shetland-Ponys sind gekommen, wiederholte Anna in Gedanken. Hier schienen wohl alle über diese Ponys Bescheid zu wissen, nur sie selbst nicht!
Als sie auf den Hof traten, war der Mann mit dem Geländewagen gerade im Begriff zu fahren.
Isabel hielt einen grauen Shetty am Führstrick und winkte dem Mann nach. Dann drehte sie sich zu ihrer Tochter um und strahlte über das ganze Gesicht. „Die Überraschung ist offenbar gelungen. Du müsstest mal dein Gesicht sehen!“
Anna strubbelte dem Pony liebevoll durch die Mähne. „Mama, kannst du mir vielleicht mal sagen, was das für Ponys sind?“
„Sicher“, sagte Isabel. „Also, diese Rasse nennt man Shetland-Ponys. Sie zeichnen sich durch eine geringe Körperhöhe von etwa einem Meter Stockmaß aus sowie durch kleine Köpfe und kluge Augen…“
„Mama, ich kenn die Rasse!“, unterbrach Anna sie ärgerlich. „Jetzt vergackeire mich doch nicht. Du weißt genau, was ich wissen will!“
Isabel lachte. „Schon gut, war ja nur ein Spaß. Die beiden, die Rolf gerade zur Weide bringt, heißen Tim und Struppi.

Na ja, laut Papieren heißen sie anders, aber sie wurden schon immer so genannt, was ich auch viel witziger finde. Sie waren bislang die Reitponys der Töchter von Herrn Kintrup."

„Ist das der Mann, der sie gebracht hat?", fragte Luisa.

Isabel nickte. „Seine Töchter sind den Tieren längst entwachsen und wohnen auch mittlerweile nicht mehr zu Hause, deshalb hat Herr Kintrup sie verkauft. Sie sind sehr gut ausgebildete Reitponys, alle beide. Ideal für unsere Anfänger-Reitkurse für die Kleinen."

Das graue Shetty knabberte sanft an Annas Hosenbein. „Und dieser Kollege hier?"

Isabel tätschelte ihm den Hals. „Das ist Hector, den gab's umsonst dazu."

„Umsonst dazu?“, fragte Anna ungläubig. Doch dann betrachtete sie ihn genauer und wusste warum.

„Er bekommt bei uns sein Gnadenbrot.“, erklärte Isabel. „Hector war immer mit Tim und Struppi zusammen und wäre sonst allein zurückgeblieben. Der alte Knabe wäre ja total vereinsamt.“

„Wie alt ist er denn?“, wollte Luisa wissen.

Isabel zuckte die Schultern. „Das wusste Herr Kintrup selbst nicht so genau, denn Hector hat keine Papiere und war schon im mittleren Alter, als er ihn von einem altersschwachen Bauern übernommen hat. Herr Kintrup vermutet, dass er die Fünfundzwanzig schon lange hinter sich hat."

„Fünfundzwanzig Jahre?", rief Luisa erstaunt. „Ist das nicht furchtbar alt?"

Isabel nickte. „Ja schon, aber wenn ein Pony gut gepflegt und nicht überstrapaziert wird, dann kann es gut und gerne über dreißig Jahre alt werden."

„Der kleine Hector hier hat immer noch richtig muntere Augen", stellte Luisa fest. „Das ist doch sicher ein gutes Zeichen, oder?"

Isabel lachte. „Ja, in der Tat. Und jetzt bringen wir die drei auf die Weide, damit sie sich mit ihrem neuen Zuhause vertraut machen können."

Die Mädchen hatten ihre Freude daran, wie die kleinen Ponys munter durch das hohe Gras trabten und jeden Winkel der Weide in Augenschein nahmen. Hector hielt mit den beiden jüngeren tapfer mit und immer wieder hallte sein lautes Wiehern durch das Mühlental.

„Schau mal, wie stolz er seinen Kopf in den Nacken wirft!“, rief Anna begeistert. „Damit alle genau wissen, mit wem sie es hier zu tun haben.“

Luisa grinste. „Je oller, je doller. Von Altersschwäche keine Spur.“

Auch als Isabel die Mädchen schließlich zum Frühstück rief, konnten sie sich nicht von diesem Schauspiel losreißen. Das Frühstück musste warten!

Doch plötzlich wurde ihre Aufmerksamkeit von etwas anderem abgelenkt.

Vor der Hofzufahrt stand am Waldrand ein kleiner Junge.
„Schau mal, Anna“, sagte Luisa. „Kennst du den?“
Anna kniff die Augen ein wenig zusammen, um besser gucken zu können. „Ich glaube, der ist vom Nachbarhof. Gesehen habe ich ihn schon mal.“
„Was hat er denn da auf dem Arm?“, fragte Luisa. „Irgendwas Helles.“
Anna winkte dem Jungen zu, doch der drehte sich schnell zur Seite, so als sei er unschlüssig, ob er weglaufen sollte oder nicht.
Anna zupfte Luisa am Ärmel. „Komm, wir gehen mal hin.“
Als die Mädchen sich dem Jungen näherten, erkannten sie, dass er einen kleinen Hund auf dem Arm trug.
„Hallo“, sagte Anna. „Ist das dein Hund? Ein Jack-Russel, nicht wahr?“
Der Junge nickte schüchtern und die Mädchen sahen, dass er geweint hatte.
„Ist alles okay mit dir?“, fragte Luisa freundlich.
„Ja“, antwortete der Junge mit dünner Stimme. „Aber mein Benni ist verletzt. Meine Mama sagt, ich soll hierhin gehen, weil hier ein Tierarzt ist, aber ich sehe keinen.“ Jetzt fing der Junge an zu schluchzen.

„Ja!“, rief Luisa und legte ihm die Hand auf die Schulter. „Hier bist du goldrichtig. Komm, wir bringen deinen Benni zu meiner Mama. Sie ist Tierärztin.“

Luisa stürmte ins Haus. „Mama, ich befürchte, du musst dein Frühstück unterbrechen. Hier kommt dein erster Patient.“

„Du lieber Himmel, die Praxis ist doch noch nicht eingerichtet!“, rief Adelheid. Sie wischte sich den Mund mit der

Serviette ab und folgte ihrer Tochter auf den Hof, wo sie einen ersten Blick auf den verletzten Hund warf.
Eine große blutende Fleischwunde zog sich über das rechte Hinterbein des kleinen Terriers. Benni fiepte, als Adelheid vorsichtig das Bein anhob. „Na, wie ist das denn passiert?“, fragte sie.

„Ich weiß es nicht“, jammerte der Junge. „Als ich ihn heute Morgen füttern wollte, hab ich’s plötzlich gesehen.“
Adelheid streichelte dem Hund über das Köpfchen. „Also, trag ihn mal ins Haus. Heute müssen ein Tisch und eine helle Lampe reichen. Luisa, bitte hol meinen Koffer aus dem Auto.“

Sofort spurtete Luisa los und dann folgte der kleine Tross Adelheid ins Haus.

Als sie am Abend alle miteinander auf der Terrasse saßen, kam Rolf mit Sekt für die Erwachsenen und Orangensaft für die Mädchen an. Robert hatte sich mal wieder mit seiner Gitarre zurückgezogen.

Rolf hob das Glas, in dem der goldgelbe Sekt perlte, und prostete Adelheid zu.

„Trinken wir auf den kleinen Benni, deinen ersten Patienten, den du mit deinen Heilkünsten gerettet hast!“
Adelheid nippte an ihrem Glas und lachte. „Nun übertreib mal nicht. Der Kleine hatte Glück im Unglück. Es war nur eine

Fleischwunde, die sich leicht nähen ließ. Der ist bald wieder auf den Beinen."

Anna musste daran denken, dass der kleine Junge, von dem sie inzwischen wussten, dass er Jan hieß, ganz allein zum Mühlenhof gelaufen war. „Dass weder seine Mutter noch sein Vater mitgekommen sind", sagte sie, „das finde ich merkwürdig."

Isabel neigte den Kopf und blickte ihre Tochter an. „Vielleicht hatten sie auf ihrem Hof zu viel zu tun. Auf jeden Fall weiß der Kleine, was es heißt, Verantwortung für sein Tier zu tragen."

Dabei kam Anna in den Sinn, dass übermorgen endlich der Tag war, an dem ihre Ponystute Fee mit den anderen Pferden im Mühlental eintraf. Endlich!, dachte Anna und hätte am liebsten laut geseufzt. Da war es wieder, das Kribbeln. Denn von nun an würde sie allein die Verantwortung für ihr Pony tragen, das sonst in einem anderen Reitstall mitversorgt worden war. Aber zum Glück hatte sie ja Luisa an ihrer Seite und das war ein schönes Gefühl.

Gestörte Idylle

Endlich war es so weit! Der heiß ersehnte Tag brach an und Anna hüpfte schon in aller Frühe aus dem Bett. Beim Frühstück bekam sie vor lauter Aufregung kaum einen Bissen herunter. Die Zeit zog sich wie Kaugummi dahin und als der Pferdetransporter endlich auf den Hof gefahren kam, hatte Anna das Gefühl, als habe sie schon eine halbe Ewigkeit gewartet, dabei war es gerade erst halb neun.

Ihr Herz machte einen Satz, als Fee endlich in ihrer gewohnten ruhigen Art die Rampe hinunterschritt und Anna ihre geliebte Stute in Empfang nehmen durfte.

Stolz präsentierte sie Luisa ihr Pony. „Darf ich vorstellen? Das ist Fee." Dann schlang sie dem Pony die Arme um den Hals und vergrub die Nase in seiner Mähne.

Luisa hielt dem dunkelbraunen Pony die Hand hin. Fees Fell glänzte tatsächlich in dem Farbton, den Anna ihr beschrieben hatte: wie schwarzer Kaffee, in den man einen Tropfen Milch hineingegeben hat. Treffender hätte Luisa

ihn auch nicht beschreiben können. Fee schnaubte und blies Luisa warmen Atem in die Handfläche.
„Sie ist wirklich wunderschön, deine Fee!“, sagte Luisa beeindruckt. „Ich beneide dich. Na ja, vielleicht bekomme ich ja auch irgendwann ein eigenes Pony.“
Verlegen blickte Anna ihre Freundin an. Darüber hatte sie noch gar nicht nachgedacht. War es unfair gewesen, so sehr von Fee zu schwärmen, wo Luisa doch kein eigenes Pony besaß? Aber dann wischte sie den Gedanken schnell beiseite und sagte: „Ich lasse dich natürlich auch mal auf Fee reiten.“
Luisa fuhr mit der Hand liebkosend über Fees Nasenrücken und lachte. „Na klar, was meinst du, warum wir auf einen Ponyhof gezogen sind, Mama und ich. Das war reine Berechnung!“
Diesmal boxte Anna Luisa gegen die Schulter. „Ach, am liebsten würde ich Fee sofort satteln und aufzäumen und einen Ausritt mit ihr machen, aber Mama sagt, sie soll nach der Fahrt erst zur Ruhe kommen und sich einleben. Na los, wir zeigen Fee ihr neues Zuhause!“
Außer Fee und Isabels dunkelbraunem Wallach Digger waren noch ein weiteres Pony, der Connemara-Schimmel

Zorro, und die Hannoveraner-Stuten Amadea und Katinka auf den Hof gekommen.

Später würden Isabel und Rolf auch Pensionspferde aufnehmen, außerdem planten sie die alten Stallungen zu renovieren und dort Ferienwohnungen einzurichten. Doch noch war das alles Zukunftsmusik.

In den folgenden Tagen dachte Anna oft, sie träume. Wann immer sie konnten, waren die Mädchen mit den Ponys unterwegs oder pusselten sonst wie an ihnen herum.

„Ich glaube, im ganzen Münsterland gibt es keine so ordentlich geputzten Ponys wie unsere“, kommentierte Isabel lachend den Eifer der Mädchen. „Ich bin mal gespannt, ob ihr solch einen Ehrgeiz auch an den Tag legt, wenn die Schule wieder losgeht.“

Doch den Gedanken an die Schule verdrängten die Mädchen, solang es ging. Sie fühlten sich frei wie die Vögel und stromerten fernab der Hauptstraßen über die Pfade am Mühlbach entlang oder über die Feldwege jenseits des kleinen Tales. Hin und wieder überließ Anna Luisa ihr Pony und ritt selbst abwechselnd auf Zorro oder Isabels Digger. Einmal sattelte sie auch Struppi, denn für

das stämmige Pony war es kein Problem, solch ein Leichtgewicht wie Anna zu tragen.
Manchmal packten sich die Mädchen einen Rucksack voll und machten ein Picknick am Mühlbach, wo sie sich ein idyllisches Plätzchen suchten. Hier, an der seichten Stelle, konnten auch die Ponys gut ins Wasser und ihre Fesseln kühlen.

Bei einem ihrer ersten Ausritte richtete Luisa sich plötzlich in Zorros Sattel auf und ließ ihren Blick durch das Tal schweifen.

„Suchst du was?“, fragte Anna.

Luisa machte ein nachdenkliches Gesicht. „Ich frage mich gerade, warum dieses Tal Mühlental heißt“, antwortete sie. „Ich habe hier weit und breit noch keine Mühle entdecken können.“

Anna parierte Fee und lachte. „Die gibt es auch schon seit ewigen Zeiten nicht mehr. Ist längst abgerissen worden. Nur der Mühlteich ist noch da."
Luisa war verdutzt. „Du meinst doch nicht etwa den kleinen Tümpel nicht weit von hier?"
„Doch, genau den meine ich", erwiderte Anna.
Luisa meinte, dass es sich dann aber nur um eine sehr kleine Mühle gehandelt haben könnte. „Wie ein Playmobil-Modell oder so."
„Damals war der Teich natürlich noch viel größer, weil es eine größere Staumauer gab. Jetzt ist da ja nur noch dieses Mini-Stauwehr", erklärte Anna sachlich. „Aber mach den Mühlteich mal nicht schlecht. Im Winter kann man da prima drauf Schlittschuh laufen."

Alles war wunderbar und die Mädchen fühlten sich von Leichtigkeit erfüllt. Was Anna besonders mochte, war, dass sie mit Luisa schweigen konnte. Es war ihr überhaupt nicht unangenehm, wenn sie manches Mal lange Zeit nebeneinanderher ritten, ohne ein Wort zu sagen. Sie genossen es einfach, mit ihren Ponys unterwegs zu sein, die mächtigen Leiber zu spüren und sich in deren Rhythmus zu finden. Sie genossen die Natur, die Geräusche, die Gerüche. Das Zirpen der Grillen und das Rascheln des Getreides, wenn der Wind sacht darüber hinwegstrich. Den Duft von Kamille und frisch geschnittenem Gras.

„Ich finde es echt toll, wie entspannt du auf dem Pferderücken sitzt", sagte Luisa eines Tages, als sie am Mühlbach entlangritten. „So, als ginge irgendwie alles ganz wie von selbst."

Anna blinzelte unter dem Schirm ihrer Reitkappe hervor und lächelte. Die Sonne stand hoch und warf einen Schatten auf ihr Gesicht. Nur die Nasenspitze leuchtete wie ein heller Punkt. „Reitkunst ist eine Verständigung mit dem Pferd auf höherer Ebene", sagte sie.

Luisa warf ihr einen verdutzten Blick zu. „Willst du mich auf den Arm nehmen oder bist du unter die Pferdeflüsterer gegangen?"

Jetzt lachte Anna. „Keine Sorge. Das ist nur einer der Lieblingssprüche von meiner Mum. Der ist von irgend so einem berühmten Reitlehrer."

„Und was soll das heißen?", wollte Luisa wissen.

Anna überlegte einen Augenblick und horchte auf das Rascheln des Grases, wenn die Hufe hindurchstrichen. „Ich kann dir das nicht so supergut erklären, aber es soll wohl heißen, dass ein entspannter Sitz das A und O beim Reiten ist, weiß du? Also, wenn man verkrampft, um sich auf dem Pferderücken zu halten, oder sich bei den Hilfen furchtbar anstrengen muss, dann überträgt sich das auf das Pferd."

Luisa dachte einen Moment über Annas Worte nach. „Ist ja irgendwie logisch. Ein Pferd ist schließlich keine Maschine", sagte sie dann.
Anna nickte. „Genau, und deshalb hat meine Mutter sich auch sehr viel mit der Alexander-Technik beschäftigt und von diesen Übungen lässt sie einiges in ihre Reitstunden einfließen."
„Davon habe ich schon gehört", erwiderte Luisa begeistert. „Da geht es um Körpergefühl und Haltung und so, nicht wahr?"
Anna nickte noch einmal. „Ich musste jede Menge von solchen Übungen machen", sagte sie lachend. „Ich war sozusagen Mamas Versuchskaninchen. Erst fand ich das blöd. Ich wollte doch einfach nur Reiten lernen und nicht auf irgendwelchen Stühlen sitzen und meiner Haltung nachspüren. Aber jetzt bin ich echt froh. Es hat mir sehr geholfen."
„Es geht also darum, dass man ein Gespür oder so entwickelt, hab ich recht?", hakte Luisa nach.
„Richtig", antwortete Anna. „Die Wahrnehmung schulen nennt man das. Das läuft nach dem Prinzip, dass man zunächst sich selbst kontrollieren können muss, bevor man sein Pferd kontrollieren kann."

„Hm", machte Luisa. „Das leuchtet irgendwie ein. Meinst du, Isabel kann mir die Übungen mal zeigen? Ich meine, ich kann ja längst nicht so gut reiten wie du."

„Klar", sagte Anna und horchte plötzlich auf. „Hörst du das auch?" Sie parierte Zorro und spitzte die Ohren.

Auch Fee war jetzt stehen geblieben. „Klingt wie Motorengeräusche. Zweitakter, wenn du mich fragst. Vielleicht ein Moped oder ein Mofa."

„Ich befürchte, das sind sogar mehrere, und da kommen sie auch schon angeschossen!", rief Anna und dirigierte ihr Pony schnell in eine Nische am Wegesrand, in der für hungrige Wanderer zwei Holzbänke und ein Tisch aufgestellt waren.

Zum Glück folgten Fee und Luisa ihr ohne zu zögern, denn den drei Mofafahrern, die da den Feldweg entlangsausten, kam es offenbar nicht in den Sinn, auf die Reiter Rücksicht zu nehmen und das Tempo zu drosseln.

In einer riesigen Staubwolke knatterten die drei Mofas mit heulenden Motoren vorbei.

Anna und Luisa spürten, wie die Ponys jeden Muskel anspannten. Sie begannen unruhig zu tänzeln und legten ihre Ohren an. Die Mädchen tätschelten Fee und Zorro,

doch ihre beruhigenden Worte wurden vom Motorenlärm verschluckt.

Luisa krampfte die Hände um den Zügel, als Fee Anstalten machte zu steigen, doch die Stute überlegte es sich im letzten Moment anders und begnügte sich damit, laut zu wiehern.

„Diese Idioten!“, brüllte Anna und hob drohend die Faust. Ihre Kiefer mahlten vor Zorn. „Die pack ich mir!“ Sie war drauf und dran Zorro die Fersen in die Flanken zu drücken und hinterherzugaloppieren.

„Bist du verrückt?“, zischte Luisa. „Mach bloß keinen Unsinn!“

Als die Mofafahrer in sicherer Entfernung waren, wagten sie sich wieder auf den Feldweg.

„Hast du erkannt, wer das war?“, fragte Luisa. Dicke Schweißperlen glänzten auf ihrer Stirn.

Anna schüttelte den Kopf. „Keine Ahnung, wer da unter den Helmen steckte. Ich konnte keinen erkennen.“

„Hätte ja sein können, dass du die Mofas schon mal gesehen hast“, meinte Luisa. „Blödmänner, die. Hoffentlich begegnen die uns nicht öfter. Sollen wir jetzt nicht lieber umdrehen?"

Anna war dagegen. Die Ponys würden schneller zur Ruhe kommen, wenn sie Auslauf hatten.

Zorro und Fee war die Unruhe deutlich anzumerken. Immer wieder hoben sie die Köpfe und drehten die Ohren nach hinten, die Augen weit geöffnet.

Erst als die Mädchen sie in den Wald lenkten, wo außer den Zweigen, die unter den Hufen knackten, und dem Gezwitscher der Vögel nichts zu hören war, entspannten sich die Ponys und stapften in trauter Zweisamkeit über den Waldweg.

Als die beiden Freundinnen zum Mühlenhof zurückkamen, stand ein weißer Lieferwagen vor der Tür. Der Schreiner war gekommen, um die Möbel der Tierarztpraxis einzubauen. Rasch versorgten die Mädchen Zorro und Fee und brachten sie auf die Weide. Es war doch zu interessant zuzusehen, wie sich die leeren Räume im Erdgeschoss in ein Behandlungszimmer, ein Wartezimmer, einen kleinen Operationsraum und in ein Labor verwandelten. Hier würden der Schreiner und der Elektriker ein paar Tage zu tun haben.

Oder war da noch etwas anderes?

Was die Mädchen, solang sie nur konnten, verdrängt hatten, holte sie doch eines Tages ein. Die Schule begann. Anna war froh, dass Luisa in dieselbe Klasse ging. Das erleichterte ihr den Start und sie wusste, dass es Luisa genauso ging, auch wenn diese das besser überspielte. Die Klassenlehrerin, Frau Schäfer, war noch recht jung und ein wenig mollig und wirkte sehr warmherzig. Sie stellte Anna und Luisa der Klasse vor. „Am besten, ihr setzt euch gleich hierher, in die erste Reihe.“

Die neuen Klassenkameraden waren freundlich und neugierig. Deutlich spürten Anna und Luisa ihre Blicke, auch wenn sie im Rücken keine Augen hatten.

„Ich komme mir fast so vor wie im Zoo“, flüsterte Luisa.

Anna wusste genau, was Luisa damit meinte. Ihr war auch aufgefallen, dass viele Mitschüler sich offenbar nicht trauten sie direkt anzusprechen. Sie hielten sich auf Distanz und beobachteten sie aus dem Augenwinkel heraus.

In der großen Pause passierte ihnen etwas Sonderbares. Ein älteres Mädchen – vielleicht war sie im siebten Schuljahr – baute sich vor ihnen auf. Anna hasste es, wenn jemand sie ganz offensichtlich mit Blicken musterte. Aber genau das tat dieses Mädchen. Dann fragte sie: „Seid ihr die Neuen aus dem Mühlental?“

„Ja.“ Anna bemühte sich freundlich zu bleiben. „Ich bin Anna und das hier ist Luisa.“

„So, so“, erwiderte das Mädchen nur und drehte auf dem Absatz um.

„Blöde Pute!“, zischte Luisa und schnippte mit den Fingern in die Luft. „Abhaken.“

Anna beneidete Luisa darum, dass sie mit solchen Vorfällen so locker umgehen konnte. Sie selbst spürte, wie ihre Stimmung in den folgenden Tagen sank. Sie hatte sich sogar nur widerstrebend von Luisa zu einem Ausritt überreden lassen. Nach ihrer Tour hatten sie die Ponys gerade

versorgt, als Isabel mit einem Grüppchen Mädchen über den Hof kam, die heute zu ihrer ersten Reitstunde erschienen waren. Soeben hatten sie auf Sätteln, die Isabel auf Böcken in den Hof gestellt hatte, Trockenübungen gemacht. Anna hatte beobachtet, wie Isabel mithilfe ihrer führenden Hände versucht hatte, den Mädchen eine entspannte Sitzhaltung zu verdeutlichen. Anna wusste aus Erfahrung, dass sie das noch viele Male wiederholen würden, bis es den Schülerinnen in Fleisch und Blut übergegangen war.

„Was ist eigentlich los mit dir?“, fühlte Luisa ihrer Freundin auf den Zahn. „Du bist echt komisch in letzter Zeit. Ist es, weil dein eigenes Pony jetzt auch in den Lektionen gehen soll? Magst du das nicht, wenn fremde Kinder auf Fee reiten? Ich könnte das verstehen.“

Anna schüttelte entschieden den Kopf. „Nein, das ist schon okay. Mama gibt ja gut Acht auf mein Pony. Ach, ich weiß nicht, irgendwie ist alles plötzlich so komisch."

Luisa verstand nicht, worauf Anna hinauswollte. „Wie meinst du das? Ist es wegen der Schule? Ich meine, die Leutchen in der Klasse sind doch einigermaßen okay. Und Frau Schäfer auch. Finde ich jedenfalls. Und diese Ziege, die uns letztens auf dem Schulhof angequatscht hat, hat dir doch wohl nicht die Laune verdorben, oder?"

Anna seufzte. Natürlich hatte Luisa recht und dennoch fühlte sie, dass irgendetwas nicht in Ordnung war. Sie wusste selbst nicht, was. Sie konnte Luisa ja schlecht sagen: Es ist, weil diese Leichtigkeit weg ist. Wie würde das klingen? Luisa würde sie gewiss auslachen. Und dennoch war es genau das, was Anna auf der Seele lastete. Die Leichtigkeit, die sie durch die letzten Wochen nahezu hatte schweben lassen, die war mit einem Mal fort. Sie hatte sich in ihrem kleinen Idyll im Mühlental so geschützt gefühlt wie in einem Kokon. Jetzt musste sie sich wieder mit anderen Menschen und anderen Problemen auseinandersetzen. Sicher würde sie sich daran gewöhnen. Oder war da noch etwas anderes?

In diesem Moment riss sie ein lautes Rufen aus ihren Gedanken. Isabel steckte den Kopf zur Stalltür hinaus. „Anna, Luisa, hier haben ein paar junge Damen noch nie ein Pony aufgezäumt und gesattelt und brauchen eure Hilfe!"

Luisa boxte Anna gegen die Schulter. „Komm, wir werden gebraucht. Und jetzt setz mal eine freundlichere Miene auf, sonst halten dich die kleinen Mädchen noch für das Hofgespenst."

Anna rang sich ein Grinsen ab. „So vielleicht?"

Luisa legte den Kopf schief. „Na ja, fürs Erste geht's."

Das gefiel Anna! Als Isabels „Assistentin" aufzutreten war eine tolle Sache. Es war ein schönes Gefühl, den kleineren Mädchen etwas beizubringen, was man selbst schon im Schlaf konnte.

Die Reitschülerinnen schauten aufmerksam zu, als Anna und Luisa ihnen zeigten, wie sie Tim und Struppi richtig auftrensten.

„Siehst du, wenn du mit der linken Hand das Gebiss einlegst, kann Struppi es automatisch ganz sanft mit seinen Lippen ins Maul nehmen", erklärte Anna. „Aber Vorsicht, du musst immer kontrollieren, dass sämtliche Riemen nicht zu stramm sitzen, denn Ponys und Pferde haben ein empfindliches Maul."

„Ich weiß", erwiderte das Mädchen eifrig. „Deswegen darf man beim Reiten auch niemals am Zügel reißen."

Anna lachte. „Dann kennst du ja schon mal eine der wichtigsten Regeln! Das ist gut. Übrigens: Als Faustregel kannst du dir merken, dass zwischen Kehlriemen und Kehlkopf eine aufgestellte Hand Platz haben sollte und zwischen Nasenriemen und Nase zwei Finger." Sie blickte auf die zierlichen Hände des Mädchens und grinste. „Na ja, von deinen Fingern eher drei."

Dann nahm Anna Struppi das Zaumzeug wieder ab. Das Pony schien sich über diese Prozedur zu wundern, denn es schüttelte erst einmal kräftig die Mähne.

Anna hielt dem Mädchen das Zaumzeug hin. „Jetzt du."

Zuerst schien die Kleine einen riesigen Respekt vor Struppi zu haben, denn ihre Finger zitterten. Doch als sie merkte, wie bereitwillig der kleine Shetty das Gebiss aufnahm und sich das Kopfstück über die Ohren streifen ließ, wurde sie sicherer.

„So gefällst du mir wieder besser“, meinte Luisa, als die kleinen Mädchen mit den Ponys in der Reithalle Aufstellung genommen hatten und den Erklärungen ihrer Lehrerin lauschten. „Möchtest du später auch mal Reitlehrerin werden, so wie deine Mutter?“
Anna entfuhr ein Riesenseufzer. „Das wär mein Traumjob, sag ich dir! Ein Leben ohne Pferde, das kann ich mir nämlich beim besten Willen nicht vorstellen.“

Übles Gerede

Der Tag begann damit, dass Anna mit dem linken Bein zuerst aufstand. Das war eigentlich nicht weiter schlimm, doch heute erwischte sie die Kante ihres Buches, das sie am Abend achtlos auf den Boden geworfen hatte, und knickte prompt mit dem Fuß um. Fluchend humpelte sie zum Bad, das natürlich gerade von Robert blockiert wurde, was ihren Zeitplan komplett durcheinanderwarf. So verpasste sie beinahe den Schulbus und mit ihr Luisa, die auf sie gewartet hatte.

Mit hängendem Kopf ließ sie sich im Bus erschöpft auf den Sitz plumpsen. Das verschwitzte Shirt klebte ihr am Körper und juckte. „Heute ist nicht mein Tag."

Luisa zuckte gleichgültig die Schultern. „Red dir das nur ein, dann wird es auch so kommen."

Anna schluckte. Diese Reaktion hatte sie von Luisa nicht erwartet, sondern eher ein paar aufmunternde Worte. Aber die Freundin schien durch Annas Niedergeschlagenheit inzwischen genervt zu sein. Und so zog es Luisa vor, in der Pause mit zwei anderen Klassenkameradinnen über den Hof zu schlendern.

Das machte Anna erst recht traurig. Sie kaufte sich beim Hausmeister einen Trinkjoghurt und hockte sich auf eine der Betonbänke bei der Buchenhecke.

Plötzlich horchte sie auf. Von der anderen Seite der Hecke drang eine Stimme zu ihr herüber, die sie sofort wiedererkannte. Sie gehörte zu dem Mädchen, das sie letztens auf dem Schulhof so blöd angesprochen hatte. Anna wusste inzwischen, dass sie Julia hieß. Ihr Vater war ein Großbauer und züchtete unter anderem Pferde. Ihm gehörte ein riesiger, wunderschöner Hof, der auf der anderen Seite der Gemeinde lag, mit Fischteichen und einer eindrucksvollen Eichenallee.

„Also, ich hätte keine Lust, die Reitstunde auf einem Holzbock zuzubringen anstatt auf einem Pferd“, zischte Julia abfällig.

„Und das ist ehrlich wahr?“, fragte eine andere Stimme. Es war wohl ein Mädchen aus Julias Klasse.

„Klar, ich weiß das von meiner Cousine“, erwiderte Julia überheblich. „Ich frag mich, wie man da reiten lernen soll.

Na, das werden die schon merken, wenn die Reitschüler ausbleiben."
„So was spricht sich bestimmt schnell rum", bestätigte das andere Mädchen. „Na ja, soll wohl alles seinen Sinn haben, oder?"
„Pft! Was denkst du denn?", schnaubte Julia. „Den richtigen Sitz lernt man schließlich auf dem Pferd."
Das Mädchen kicherte. „Pass auf, als Nächstes fangen sie an mit den Pferden zu flüstern."
„Weit gefehlt, Nadine", zischte Julia. „Sie sollen sich zu Hause auf den Boden legen, um ihren Rücken zu spüren oder so. Was für ein Blödsinn! Also, wenn ich reite, dann liege ich selten mit dem Rücken auf dem Pferd. Und wenn ich Yoga machen will, dann melde ich mich nicht zur Reitstunde an."
Anna hielt die Luft an. Jetzt war sie sich sicher. Julia und dieses andere Mädchen, das offenbar Nadine hieß, sprachen über den Unterricht am Mühlenhof. Isabels Unterricht! Die Übung in Rückenlage kannte Anna natürlich. Sie sollte dabei helfen, Spannung im Körper abzubauen und nachzuspüren, was im Körper vor sich geht, wenn man sich bewegt.

„Diese Übungen haben einen Sinn!“, hätte Anna am liebsten geschrien. „Man lernt so auch viel besser, wie ein Pferd sich bewegt!“ Aber sie fühlte sich wie versteinert und der Herzschlag pochte bis in die Schläfen. Als sie den Joghurt schluckte, der sich noch in ihrem Mund befand, glitt er wie ein dicker Kloß schmerzhaft durch den Hals. Diese dummen Puten hatten doch einfach keine Ahnung!

Wütend pfefferte Anna den Joghurtbecher in den Mülleimer und stapfte quer über den Schulhof. Sollten Julia und Nadine doch ruhig wissen, dass sie alles mitgehört hatte. Pah, jetzt wusste Anna wenigstens, dass sie diesen beiden Zicken besser aus dem Weg ging!

„Anna, was ist denn mit dir los?“, fragte Marie, die mit Luisa vor dem Eingang stand.

Aber Luisa zog sie beiseite. „Lass mal, heute ist nicht Annas Tag.“

Anna warf Luisa einen wütenden Blick zu. Wie recht sie damit hatte, konnte Luisa nicht ahnen.

Am Nachmittag verkrümelte Anna sich in Fees Box. Sie wollte allein sein und die Nähe zu ihrem Pony tat gut. Gedankenverloren striegelte und bürstete sie der Stute das

Fell, obwohl Fee bereits geputzt worden war. Aber die gleichmäßigen Bewegungen ließen auch Anna zur Ruhe kommen.

„Hauptsache, Luisa taucht hier jetzt nicht auf“, zischte Anna Fee ins Ohr. „Soll die sich doch mit Marie verabreden! Mit der versteht sie sich ja super.“

„Na, führst du neuerdings Selbstgespräche?“ Rolf steckte seinen Kopf zur Tür herein. „Und wie war’s in der Schule heute?“

„Ncin und doof“, gab Anna gereizt zurück.

„Nein und doof?“, wiederholte ihr Vater. „Was soll das denn heißen?“

„Nein, ich führe keine Selbstgespräche und in der Schule war es doof“, brummte Anna, ohne den Blick zu heben.

„Oha, das Fräulein ist heute gereizt“, erwiderte Rolf. „Dann geh ich mal lieber.“

Anna seufzte. Eigentlich hätte sie gern mit jemandem über das gesprochen, was sie heute auf dem Schulhof mitbekommen hatte. Aber ihr Vater war da wohl nicht der Richtige. Außerdem war sie sich nicht sicher, ob sie nicht überreagierte, weil Luisa sich in der Schule auch so komisch verhalten hatte. Am Ende würde Rolf sie nur belächeln.

Und auf Luisa konnte sie heute sowieso nicht zählen.
Zornig trat Anna gegen den Eimer mit den Putzutensilien.
Fee zuckte zusammen und wich einen Schritt zurück.

Erschrocken über ihr heftiges Verhalten schlang Anna der Stute die Arme um den Hals. „Es tut mir leid, Fee. Bitte verzeih mir, ich wollte dich nicht erschrecken."
„Oh, ist wieder Schmusestunde angesagt?", rief plötzlich Robert mit Lästerstimme. Er war auf der Suche nach seinem Vater.
„Hau bloß ab!", maulte Anna zurück. Ihr Bruder hatte ihr gerade noch gefehlt.
Robert hob abwehrend die Hände. „He, he, ist ja schon gut. Was für ein Pups sitzt dir denn schon wieder quer?"
Jetzt reicht's mir!, dachte Anna. Hatte sie denn nicht mal bei Fee ihre Ruhe? Dieses ewige Angequatschtwerden ging ihr gehörig auf die Nerven. Sie sammelte das Putzzeug ein und gab Fee einen Kuss auf das weiche Maul. „Nicht böse sein", flüsterte Anna und verließ die Box. Als sie aus der Sattelkammer zurückkam, fiel ihr Blick auf die Leiter zum Heuboden. Ja, da oben hätte sie ihre Ruhe. Kurzentschlossen stieg sie die Sprossen hinauf.
Wie lange war sie nicht mehr hier oben gewesen? Zwei Jahre? Oder waren es sogar drei? Damals wohnte Onkel Martin noch auf dem Hof und Anna hatte mit Robert auf dem Heuboden Verstecken gespielt. Aber sie war noch

ziemlich klein gewesen und hatte schnell Angst gekriegt, sie könnte sich in dem Labyrinth aus Heu- und Strohballen verirren.

Anna hockte sich auf einen Strohballen und überlegte. Einfach nur dort herumzusitzen war entschieden zu langweilig. Also beschloss sie ein bisschen herumzustöbern.

Auf der Seite, die dem Hof zugewandt war, verbarg sich hinter einer dünnen Holztür die alte Kornkammer. Sie wurde schon seit ewigen Zeiten nicht mehr benutzt. Die Tür hatte sich verzogen und schrappte beim Öffnen heftig über den Boden.

Hier oben gab es zwei ovale Eulenlöcher, durch die man den Hof beobachten konnte.

Ohne lange zu überlegen, holte sich Anna einen Strohballen herbei und hockte sich vor eins der Fluglöcher.

Fridolin war ihr gefolgt. Er strich ihr um die Beine und schnurrte laut. Anna malte mit dem Finger Kreise in den Staub. Hier oben würde sie so schnell keiner finden. Vor allem hatte sie keine Lust, Luisa über den Weg zu laufen. Sollte die sich doch mit Marie verabreden!

Ein Wagen fuhr vor. Eine Frau hob einen Katzenkorb von der Ladefläche und verschwand in Adelheids Praxis. Kurz darauf kam ein Mann mit einem Labrador und unmittelbar darauf hörte Anna auch schon lautes Bellen aus dem Wartezimmer.

Robert kam mit einem Stapel Eierkartons aus dem Haus. Was er wohl damit vorhatte?

Immer wenn Anna Isabel oder Rolf über den Hof laufen sah, musste sie sofort daran denken, was Julia und Nadine getratscht hatten, und das tat ihr im Herzen weh. So etwas spricht sich schnell rum!, hatte Nadine gesagt. Ob die Mädchen den Mühlenhof jetzt schlechtreden würden? Julias Vater war ein einflussreicher Mann in der Gegend!
Anna wurde es ganz mulmig bei dem Gedanken, die Leute würden sich gegen Isabel und Rolf stellen. Oder war es nur dummes Zicken-Geschwätz? Dabei kannten Julia und Nadine den Mühlenhof doch gar nicht! Vor allem Julia hatte gegen Isabels Unterrichtsmethoden gehetzt, aber diese Nadine schien sich leicht beeinflussen zu lassen.
Anna war klar: Morgen würde sie mit Bauchschmerzen in die Schule gehen. Sie wusste nicht, wie sie sich verhalten sollte, falls sie den beiden Mädchen begegnen würde. Sollte sie sie einfach ignorieren?
Anna hatte keine Ahnung, wie lange sie schon dort oben in ihrem Versteck gesessen und Kreise gemalt hatte, als plötzlich die Holztür über den Boden kratzte. Erschrocken fuhr sie herum.
„Ach, hier bist du!“, sagte Luisa. „Mensch, weißt du, wie lange ich nach dir gesucht habe? Zum Glück hab ich das

hier unten neben der Leiter gefunden. Das gehört doch dir, oder?“ Luisa hielt ein kleines Hufeisen in die Luft, einen Schlüsselanhänger, den Anna immer an einer Gürtelschlaufe ihrer Jeans trug.

Anna sah an sich hinab. Die Schlaufe war aufgerissen.

„Na, jetzt hast du mich ja gefunden“, antwortete sie kurz angebunden und nahm Luisa den Anhänger aus der Hand.

„Hatte Marie keine Zeit, sich mit dir zu verabreden?“

Luisa warf sich gegen die festgeklemmte Tür und drückte sie ins Schloss. „Sei nicht blöd, Anna!“ Sie hockte sich neben ihrer Freundin auf den Strohballen. „Ist dir irgendeine Laus über die Leber gelaufen?“

Anna starrte angestrengt durch die Eulenluke. Eigentlich hatte sie keine Lust, mit Luisa über die Sache zu reden. Aber als ihr die Freundin auffordernd den Ellenbogen in die Seite stieß, sagte sie: „Ich hatte seit Tagen so ein komisches Gefühl. Aber jetzt weiß ich es definitiv. Da sind welche gegen uns."

Luisa sprang auf die Füße. „Was meinst du damit? Siehst du jetzt Gespenster, oder wie? Dich soll mal einer verstehen."

Enttäuscht legte Anna den Kopf in die Hände. Sie hätte sich ja denken können, dass Luisa kein Verständnis für ihre schlechte Stimmung hatte. „Im Ernst", erwiderte sie. „Es gibt da welche, die gegen meine Eltern hetzen."

Luisa stemmte sich die Fäuste in die Seiten. „Du sprichst echt in Rätseln. Haben dir unsere Klassenkameraden nicht in den letzten Tagen ganz interessiert Löcher in den Bauch gefragt?"

„Du verstehst mich nicht", antwortete Anna trotzig und starrte wieder aus dem Flugloch.

„Kunststück!", rief Luisa. „Vielleicht hättest du mal die Güte, mir die ganze Geschichte zu erzählen. Weißt du was? Wir beide machen jetzt einen Ausritt, dann hast du genug Zeit, mir mal alles von vorn zu erklären."

Wenig später ritten die beiden Freundinnen am Mühlbach entlang durch das Tal. Der nahende Herbst lag in der Luft. Dunst fing sich zwischen den Zweigen und die ersten Blätter wechselten langsam ihre Farbe. Es roch nach frischer Erde und das Gras war auch jetzt, am Nachmittag, noch feucht. Sogar das Stapfen der Hufe klang irgendwie dumpfer. Kaninchen huschten aufgeregt dicht vor ihnen über den Feldweg, was Fee mit lautem Schnauben kommentierte. Doch Zorro ließ sich nicht aus der Ruhe bringen und trottete brav neben seiner Pferdefreundin her.

Anna spürte, wie die Anspannung langsam nachließ. Es tat gut, sich auf Fees Bewegungen einzulassen. Anna sog den würzigen Pferdeduft, der sich mit den Gerüchen des Herbstes vermischte, durch die Nase ein und begann schließlich zögernd zu berichten, was ihr am Morgen zu Ohren gekommen war.

Einen Moment lang sagte Luisa nichts dazu. „Und du bist dir sicher, dass es um Isabels Reitstunden ging?“, fragte sie schließlich.

Anna nickte. „Ganz sicher.“

Luisa hielt die Zügel in einer Hand und machte mit der anderen eine wegwerfende Bewegung. „Was kümmert dich deren Geschwätz? Lass die doch reden!“

„Aber verstehst du denn nicht?“, rief Anna verständnislos. „Julias Vater ist ein einflussreicher Bauer. Ich finde nicht, dass es danach klingt, als würden wir hier freundschaftlich aufgenommen.“

„Pling, da ist die Seifenblase mit Annas heiler Welt drin geplatzt“, sagte Luisa. „So in etwa?“

Anna rang sich ein Grinsen ab. „So in etwa.“

„Weißt du was? Ich schlage vor, dass wir mal mit Adelheid darüber reden“, sprach Luisa beschwichtigend weiter. „Und jetzt? Kleiner Galopp gefällig?“

„Okay!“, rief Anna und schon donnerten die Hufe durch das Mühlental. Anna fühlte sich, als sei ihr eine zentnerschwere Last vom Herzen gefallen.

Sie waren in einen Seitenweg eingebogen, der zwischen zwei Feldern aus dem Tal hinausführte. Luisa ritt mit Zorro ein Stück vorweg. Plötzlich fühlte Anna sich leicht und frei, fast als sei sie eins mit ihrem Pony. Sie freute sich so über den kleinen Galopp, dass sie auf nichts anderes mehr achtete als auf den Takt, mit dem Fees Hufe über den Weg flogen. Die Motorengeräusche, die in unmittelbarer Nähe aufheulten, nahm sie gar nicht wahr. Und als sie die Mofas über die Hügelkuppe brausen sah, war es schon zu spät.

Die Mofas steuerten direkt auf sie zu. Die Fahrer machten keinen Versuch, ihnen auszuweichen. Anna gelang es im letzten Moment, Fee auf das Feld zu lenken, wo die Stute laut wiehernd durch die Rüben stob. Doch Luisa konnte nicht mehr rechtzeitig reagieren. Zorro tat erschrocken einen Satz zur Seite, die Augen angstvoll aufgerissen, stieg und warf seine Reiterin ab. Luisa landete unsanft zwischen den Rüben, während Zorro quer über den Acker das Weite suchte.

Die Mofafahrer sahen sich nur kurz um, dann waren sie auch schon verschwunden.
„Verdammt, Luisa, ist dir was passiert?“, rief Anna. Doch Luisa, die sich langsam aufrappelte, winkte ab. „Mit mir ist alles okay! Kümmere dich um Zorro!“
Hoffentlich verfängt er sich nicht im Zügel, dachte Anna und nahm die Verfolgung auf.

Besuch im Mühlental

Nachdem Adelheid ihre Praxis geschlossen hatte, stellte sie den Anrufbeantworter an und kochte für die Mädchen Kakao. Auch wenn es eigentlich viel zu warm war für dieses heiße Getränk, Adelheid bestand darauf, dass Kakao die Nerven beruhige.

„Zum Glück habt ihr alle vier den Vorfall mit den Mofas ohne Schaden überstanden", stellte Adelheid fest. „Weder die Ponys noch ihr seid verletzt."

Die Mädchen erfuhren dann, dass die drei Mofa-Rocker bis zum Mühlenhof gekommen waren und auf dem Hof mit heulenden Motoren eine Runde gedreht und ordentlich Staub aufgewirbelt hatten.

„Ich frag mich, was das sollte!", schimpfte Anna. „Diesmal war es, als ob die es richtig auf uns abgesehen hätten."

Luisa grübelte.

„Was ist denn?", fragte Anna. „Sagst du etwa gar nichts dazu?"

Luisa biss sich auf die Lippe und murmelte dann: „Ich glaube, ich habe eins von den Mofas wiedererkannt."

Anna sprang auf, wobei ihr fast der Kakao überschwappte. „Was?"

Luisa machte eine erste Miene. „Ich bin mir ziemlich sicher, dass der Freund von diesem Mädchen, das immer mit Julia rumhängt, heute damit zur Schule gekommen ist."

„Du meinst den Freund von dieser Nadine? Ich sag doch, die haben was gegen uns!", jammerte Anna und stampfte mit dem Fuß auf. Ihre Stimme kippte beinahe über.

Adelheid wusste nicht, worauf Anna hinauswollte, und warf ihrer Tochter einen fragenden Blick zu. Luisa berichtete ihr, was Anna auf dem Schulhof gehört hatte.

Adelheid überlegte eine Weile und schüttelte dann den Kopf. „Die Menschen im Münsterland können ziemlich stur sein", sagte sie schließlich. „Sie sind zwar freundlich, aber allem Neuen gegenüber nicht unbedingt sofort aufgeschlossen. Aber dass sie ihre Kinder losschicken und zu solchen Sachen anstiften, um jemanden einzuschüchtern, bloß, weil er außergewöhnliche Methoden anwendet, um Kinder ans Reiten heranzuführen, das halte ich doch für zu weit hergeholt."

Da war Anna ganz anderer Meinung. „Was passiert ist, spricht doch für sich. Dann haben Nadine und Julia eben diese Typen angestiftet."
Jetzt wurde Adelheid ungehalten. „Ich bitte dich, Anna. Die beiden haben Ahnung von Pferden, wie du sagst, also wissen sie auch, wie gefährlich so eine Aktion ist!"
„Aber irgendeinen Grund müssen diese Blödmänner doch haben, Mama!", rief Luisa zornig.
Adelheid seufzte. „Trotzdem. Ich würde diesem Geschwätz der beiden Mädchen nicht zu viel Bedeutung beimessen. Ihr müsst sie vielleicht auch verstehen. Es ist halt nicht die Methode, die sie in der Reitschule gelernt haben. Das macht sie möglicherweise unsicher und deshalb reagieren sie zickig. Vielleicht steckt aber auch noch etwas ganz anderes dahinter."
„Wir müssen was unternehmen", stellte Anna fest. „Wir dürfen uns das nicht gefallen lassen."
„Über die Sache mit den Mofafahrern werde ich sofort mit Isabel und Rolf sprechen, das kann man in der Tat nicht auf sich beruhen lassen", erklärte Adelheid. „Aber wie wir diesem dummen Gerede begegnen können, da hab ich schon eine Idee."

Anna blickte unschlüssig auf die Flugblätter, die Isabel ihr Tage später in die Hand gedrückt hatte. „Ich kann das Nadine und Julia nicht geben“, sagte sie.
„Sei nicht albern, Anna. Genau für solche Leute findet das ganze doch statt“, sagte Luisa und riss ihr die Zettel ungeduldig aus der Hand. „Na, gib schon her, dann mach ich das eben.“

Isabel, Rolf und Adelheid hatten sich entschieden einen Tag der offenen Tür zu veranstalten, um sich den Menschen in der Umgebung als neue Nachbarn vorzustellen und ihnen den Ponyhof im Mühlental zu präsentieren. Führungen über den Hof und durch die Ställe sollte es geben ebenso wie durch die neue Tierarztpraxis. Außerdem hatten sie eine Tombola vorbereitet, bei der es eine Schnupper-Reitstunde zu gewinnen gab.

„Aber in meinen Probenraum kommt keiner rein!", hatte Robert gesagt und wurde sogleich dazu verdonnert, für die Besucher Würstchen zu grillen.

„Wofür brauchst du eigentlich immer all die Eierkartons?", fragte Anna ihren großen Bruder, als er dabei war, die Grillkohle anzufeuern. Der Tag der offenen Tür war gekommen und alle waren mit den Vorbereitungen beschäftigt. Anna stellte Senf, Ketschup, Wurstpappen und Servietten auf einen Biergartentisch neben dem Grill. Gleich würden die ersten Gäste eintreffen. Auch der Bürgermeister hatte sein Kommen angekündigt.

Robert trug eine Schürze, auf der eine E-Gitarre abgebildet war. „Streng mal deine grauen Zellen an", antwortete er herablassend. Er ließ seine kleine Schwester zu gern zappeln.

„Du brauchst es mir auch nicht zu sagen“, erwiderte Anna gespielt gleichgültig. Sie ließ sich nicht aus der Ruhe bringen. „So wichtig ist das auch wieder nicht.“
„Schallisolierung für den Probenraum“, erklärte Robert schließlich und starrte plötzlich zum Hoftor. Von jetzt auf gleich wechselte seine Gesichtsfarbe von Blass auf Feuerrot.

Anna folgte seinem Blick und hätte beinahe die Ketschup-Flasche fallen lassen, denn soeben kamen Nadine und Julia durch das Tor. Julia trug ihre Nase eindeutig höher als normal, aber Nadine sah sich um, als suche sie jemanden.

„Ach, du dickes Ei“, flüsterte Anna. „Ausgerechnet die kommen als Erste.“ Robert starrte angestrengt in die sich langsam entwickelnde Glut.

„Kennst du die beiden?“, fragte Anna neugierig.

„Die Blonde“, antwortete Robert einsilbig.

Anna konnte sich ein Grinsen nicht verkneifen. „Aha.“ Dann stellte sie die Flasche auf den Tisch und verschwand. Die erste Führung konnte getrost Isabel übernehmen. Anna hatte nicht die geringste Lust, Nadine und Julia über den Hof zu führen.

„Bestimmt sind die nur gekommen, um hier alles auszuspionieren“, zischte sie Luisa zu, die die beiden Mädchen inzwischen auch entdeckt hatte.

Anna spürte einen dicken Wutknoten im Bauch, als sie sah, wie Julia und Nadine zielstrebig auf den Auslauf zusteuerten, wo Fee und Zorro bereitwillig ihre Liebkosungen entgegennahmen. Mussten sie ausgerechnet ihr Pony streicheln?

Jetzt winkte Nadine Robert zu, der lässig die Hand bis Hüfthöhe hob. Und dann tauchte auch schon Isabel auf, um die Mädchen zu begrüßen.
Nach und nach strömten weitere Gäste auf den Hof. Anna erkannte die Bauern der Nachbarhöfe und sogar einen Lehrer von ihrer Schule. „Schaut mal, da sind auch Jan und Benni!“ Anna winkte dem kleinen Jungen zu. Er führte stolz ein älteres Paar über den Hof und zeigte ihnen, wo sich die Tierarztpraxis befand.

„Das sind bestimmt seine Eltern“, vermutete Luisa. „Sie sehen irgendwie aus, als fühlten sie sich fehl am Platz, findest du nicht?“

Tatsächlich blickten sich die beiden schüchtern um und als Adelheid ihnen die Hand reichte, um sie zu begrüßen, wirkten sie verlegen.

Isabel machte sich mit der ersten Gruppe auf den Weg, während der Bratenduft der Grillwürstchen allmählich über den Hof zog.

Schließlich traf auch der Bürgermeister ein, Frau und Kinder im Schlepptau. Sie wurden von Adelheid begrüßt und folgten ihr in den alten Speicher, um sich die Praxisräume zeigen zu lassen.
Es dauerte nicht lange und überall schlenderten Menschen über den Hof, die sich interessiert umsahen. Rolf kam und stupste Anna und Luisa den Zeigefinger zwischen die Rippen. „Jetzt seht mal zu, dass unsere Gäste nicht durstig bleiben."
„Ay, ay, Sir", sagte Anna und begab sich mit Luisa hinter einen anderen Biertisch, wo sie Cola, Fanta und Wasser an die Gäste ausschenkten. Für die Erwachsenen balancierte Rolf sogar ein Tablett mit Sekt über den Hof.
„Alle Achtung, da wächst aber einer über sich hinaus", stellte Anna fest, die wusste, wie schwer sich ihr Vater mit so etwas tat.
Plötzlich tippte ihr jemand auf die Schulter. Nadine stand hinter ihr und lächelte freundlich. Zwei Wörter fuhren Anna sogleich durch den Kopf: falsche Schlange!
„Ein sehr schönes Pony hast du", sagte Nadine. „Deine Mutter hat mir gesagt, dass Fee dir gehört. Fee hat auch Araber-Blut, nicht wahr? Das kann man sehen."

Anna war so perplex, dass sie im ersten Moment nicht wusste, was sie sagen sollte. Aber da mischte Luisa sich bereits ein. „Ja, und hat Isabel euch auch etwas über den Reitunterricht erzählt?“, fragte sie provozierend.
Nadine errötete. „Ja, das klang ganz interessant.“
Luisa verschränkte die Arme vor der Brust. „Das ist natürlich was für Leute, denen wirklich dran gelegen ist, Pferde zu verstehen.“
Gerade hatte Nadine den Mund geöffnet, um darauf etwas zu erwidern, als plötzlich ein ohrenbetäubender Lärm losbrach.
„Ich glaub, mein Schwein pfeift!“, rief Anna verblüfft. Die drei Mofa-Rocker kamen auf den Hof gesaust!
Auch Luisa mochte kaum glauben, was sie da sah. „Dass die sich hierher trauen! Ausgerechnet heute!“
Die drei Mofafahrer hielten kurz in der Hofeinfahrt an und blickten sich um, dann steuerten sie mit Karacho direkt auf die Mädchen zu.
„Aber…“, rief Anna. Wie versteinert stand sie da und sah eins der Mofas auf sich zurasen.
Im letzten Moment packte Luisa sie am Ärmel und zog sie beiseite. „Pass auf, Anna!“ Doch direkt vor Nadines Füßen

machte der Fahrer eine Vollbremsung und blieb mit quietschenden Reifen stehen.

Wütend starrte Nadine dem Fahrer in die Augen. Der warf den Kopf in den Nacken und brüllte durch das Knattern des Motors: „Das hätte ich mir ja denken können, dass du nichts Besseres zu tun hast, als deinem neuen Lover hinterherzurennen, diesem Gitarrenfuzzi!“

Plötzlich stand Robert neben ihm und legte ihm die Hand auf die Schulter. „Lass Nadine in Ruhe!“ Der Mofafahrer schob die Hand von seiner Schulter.

„Ha, jetzt musst du wohl den Held markieren, du Pfeife. Nimm bloß deine dreckige Pfote da weg! Und lass du gefälligst Nadine in Ruhe!“

„Marius, spinnst du?“, schrie Nadine.

„Entweder du kommst jetzt sofort mit mir oder es ist aus zwischen uns!“, brüllte der Mofafahrer, der also Marius hieß.

„Nach dieser Szene kannst du mir mal den Buckel runterrutschen, dass du's weißt!", entgegnete Nadine, woraufhin Marius erst ihr und dann Robert einen verächtlichen Blick zuwarf. Dann gab er den anderen beiden Mofafahrern ein Zeichen und brauste davon.

Rolf wollte sich ihnen in den Weg stellen, um sie zur Rechenschaft zu ziehen. Schließlich hatten sie Anna und Luisa und die Ponys in Gefahr gebracht. Aber Robert hielt ihn am Arm zurück. „Lass mal, Paps. Ich glaub nicht, dass die sich hier noch mal sehen lassen. Und sonst klär ich das." Luisa warf Anna einen vielsagenden Blick zu. „Daher weht also der Wind. Das Ganze ist ja ein Eifersuchtsdrama wie im Film! Wir waren gar nicht gemeint, sondern haben nur das Pech, dass Robert dein Bruder ist!"

„Solche Vollidioten!", schimpfte Anna und wandte sich an Nadine. „Wenn du mich fragst, dann sei froh, dass du diesen Pflaumenaugust los bist."

Nadine schaute verschämt zu Boden. Der Auftritt ihres Freundes war ihr sichtlich unangenehm. Aber auch Anna hatte ein schlechtes Gewissen, weil sie Nadine und

Julia insgeheim unterstellt hatte, die Jungen auf Luisa und sie angesetzt zu haben.
Anna fühlte sich aufgewühlt und erleichtert zugleich. Vielleicht war Nadine doch gar nicht so übel, wie Anna gedacht hatte.
Isabel riss sie aus ihren Gedanken. „Sagt mal, ihr Lieben, wie wäre es, wenn ihr das mit den Getränken Rolf überlasst und Tim und Struppi aufzäumt und ein bisschen durch den Paddock führt? Da sind ein paar kleine Damen und Herren, die zu gern einmal reiten möchten."
„Ich helfe euch!", rief Nadine wie aus der Pistole geschossen. Dann warf sie Anna und Luisa einen skeptischen Blick zu. „Falls ihr nichts dagegen habt."
Anna und Luisa schauten sich kurz an und sagten dann beide okay.

Der Herbst kommt ins Tal

Der Tag der offenen Tür war ein voller Erfolg. Bis zum frühen Abend kamen Besucher auf den Ponyhof und als es langsam dunkel wurde, zündete Rolf ein Lagerfeuer an. Einige Nachbarn blieben bis spät in den Abend und tranken mit Rolf, Isabel und Adelheid auf gute Nachbarschaft. Auch Jan und den kleinen Benni sahen sie noch in der Dunkelheit über den Hof flitzen. Der Hund humpelte nur noch ganz leicht, doch er musste aufpassen, nicht von Fridolin eins ausgewischt zu kriegen, den man im Dunkeln kaum sah. Jans Eltern waren schon nach kurzer Zeit wieder nach Hause gegangen, doch dem kleinen Jungen schien es auf dem Ponyhof besonders gut zu gefallen.

„Hm, den scheint zu Hause auch niemand zu vermissen“, sagte Luisa nachdenklich und Anna überlegte für einen kurzen Moment, ob sie Jan um seine Freihcit beneiden sollte.

Zu später Stunde ließ Robert sich sogar überreden seine Akustik-Gitarre zu holen und sie ein wenig mit seiner

Musik zu unterhalten. Anna seufzte. Das war Lagerfeuerromantik pur.

Isabel und Rolf waren überaus zufrieden, denn etliche Besucher hatten im Laufe des Tages ihre Söhne und Töchter zu

Reit- oder Voltigierkursen angemeldet. Auch hatten einige Interesse bekundet, ihre Pferde auf dem Hof im Mühlental unterzustellen. Sie waren vom Hof und dem Konzept, das Annas Eltern ihrer Arbeit zugrunde legten, überzeugt.

„Alle Infoblätter sind weg“, stellte Isabel am nächsten Morgen stolz fest. Im selben Moment klingelte das Telefon. Die nächste Anmeldung!
Adelheid nahm Anna beiseite. „Siehst du. Alle Sorge war umsonst. Und Menschen, die an dem, was man tut, etwas auszusetzen haben, die gibt es immer. Die Unverbesserlichen finden immer ein Haar in der Suppe, wenn sie eins finden wollen.“

Ein paar Tage später erschien Marius höchstpersönlich, um sich bei den Mädchen zu entschuldigen. Ganz allein kam er mit seinem Mofa angeknattert, ohne seine beiden Kumpel. Rolf hatte mit Marius’ Eltern gesprochen, und diese hatten ihrem Sohn dann heftig ins Gewissen geredet und von ihm verlangt, dass er zum Ponyhof fuhr, um sich zu entschuldigen. Ihm war nicht klar gewesen, in welch große Gefahr er die beiden Mädchen mit seinem rücksichtslosen Verhalten gebracht hatte, nur weil er solch eine Wut auf Annas Bruder gehabt hatte.
„Ich weiß aber immer noch nicht, warum du uns erschrecken wolltest, obwohl du doch so eine Stinkwut auf Robert hattest“, schimpfte Luisa.

Marius war auf seinem Mofa sitzen geblieben. Offenbar fühlte er sich auf seinem Gefährt sicherer. Nur den Helm hatte er abgenommen und hielt ihn auf dem Schoß. „Das weiß ich selbst nicht mehr so genau“, antwortete er ehrlich. „Ich wusste auch nicht, dass die Viecher sich so doll erschrecken würden.“

„Du hast wohl noch nie auf so einem Viech gesessen, wie?“, fragte Anna provozierend und zeigte auf das Mofa. „Du kennst wohl nur diesen Umwelt-Verpester.“
Marius hob abwehrend die Hände, wobei ihm beinahe der Helm zu Boden rutschte. „Bleibt mir bloß vom Leib mit diesen Riesentieren. Also, vor Pferden habe ich echt Respekt.“ Aus dem Augenwinkel warf er einen Blick zur Koppel hinüber, wo Digger und die beiden Hannoveraner-Stuten friedlich grasten.
Luisa stemmte sich die Hände in die Seiten. „Offenbar nicht genug, sonst hättest du nicht solch einen Mist gebaut. Die Ponys hätten sich die Beine brechen können. Und wir uns das Genick. Dann hättest du aber ganz schön dumm aus der Wäsche geschaut.“
Anna warf ihr einen belustigten Blick zu. Marius guckte doch auch so schon dumm aus der Wäsche!
„Ich hab einfach nicht nachgedacht“, erwiderte er kleinlaut. „Ich tu so was auch nie wieder. Versprochen.“
In diesem Moment verstummten die Gitarrenklänge, die eben noch – dank des Eier-Pappen-Schallschutzes sehr gedämpft – aus dem alten Schweinestall gedrungen waren. Die Tür ging auf und Robert kam heraus.

Sofort setzte Marius sich den Helm auf. „Ich glaub, ich muss dann mal wieder. Also, noch mal ´Tschuldigung." Er trat auf den Kickschalter seines Mofas und knatterte auch schon davon.

„Vollidiot!", knurrte Robert und schaute der dunklen Abgaswolke hinterher.

Luisa seufzte. „Immerhin ist er persönlich vorbeigekommen, um sich bei uns zu entschuldigen. Das ist ihm sicher nicht leichtgefallen."

Robert verzog sein Gesicht zu einem spöttischen Grinsen. „Pft! Jetzt nimm ihn bloß nicht in Schutz. Immerhin war er auch persönlich hier, um euch einen Riesenschreck einzujagen. Und Nadine hat er auch die Hölle heißgemacht, sag ich euch."

Anna schob sich die Hände in die Hosentaschen und setzte ein kesses Lächeln auf. „Und was ist jetzt mit Nadine?"

Robert tat gespielt gleichgültig und zuckte die Schultern. „Was soll schon mit Nadine sein?“ Damit ließ er die Mädchen stehen und ging.

Anna schüttelte den Kopf. „Aus Jungs in dem Alter soll einer mal schlau werden. Über Gefühle können die nicht reden. Immer müssen sie cool sein und so abgebrüht tun.“

„Mit denen kann man echt Mitleid haben!“, rief Luisa lachend.

„Mit denen muss man Mitleid haben“, erwiderte Anna und verdrehte die Augen. Wie schön ist es, eine Freundin zu haben, mit der man über alles reden kann, dachte sie im selben Augenblick. Aber das sagte sie nicht laut. Manchmal war es eben doch nicht so leicht, über Gefühle zu reden. Auch wenn man kein Junge war.

Der Herbst kam und tauchte das Mühlental in leuchtende Farben. Der Bodennebel hielt sich hartnäckig, bis die goldene Oktobersonne ihn gegen Mittag vertrieb.
In der Ferne hörte man die Landmaschinen brummen, denn die Bauern waren eifrig damit beschäftigt, die Maisernte einzufahren, während sich auf der Koppel lautstark die Saatkrähen kabbelten.
Anna kam mit einem Korb voll Kartoffeln aus dem Garten und beobachtete Fridolin, der im Vorgarten die letzten trägen Schmetterlinge jagte. Gut so, dachte Anna, wenn sie auch ein wenig Mitleid mit den Schmetterlingen hatte, deren Tage ohnehin gezählt waren. Aber so war Fridolin wenigstens beschäftigt und kam nicht auf dumme Gedanken und sprang ihr wieder vor die Füße.
Der Kartoffelkorb war schwer, aber Anna war ganz leicht ums Herz. Gleich würde sie zum alten Speicher gehen und Luisa abholen. Dann würden sie die Ponys satteln und zu einem Ausritt durch den Herbstwald aufbrechen.
Fee stand am Gatter und wieherte mit aufgeblähten Nüstern. Offenbar kann sie meine Gedanken lesen, dachte Anna und lachte. „Ja, meine Liebe, ich komm ja gleich. Nur Geduld!“

Und als sie Fee so betrachtete, die Ohren aufgestellt und eine Atemwolke um das Maul, da spürte Anna wieder dieses Kribbeln.

Sie ließ ihren Blick über den Hof schweifen, das Haus, die Ställe, die Reithalle und die Koppeln. Alles war ihr inzwischen so vertraut und dennoch kam ihr alles aufregend und neu vor. Anna fragte sich, welche Abenteuer der Ponyhof im Mühlental noch für sie bereithielt.

Die Alexander-Technik

Der Begründer der Alexander-Technik ist Frederick Matthias Alexander, ein Schauspieler, der vor etwa 100 Jahren lebte. Er entwickelte eine Lehrmethode, die es dem Menschen ermöglichen soll, seine Haltungs- und Bewegungsgewohnheiten bewusst wahrzunehmen, um so in der Lage zu sein, Verhaltensweisen abzulegen, die ihm schaden.
Jeder Mensch gewöhnt sich Verhaltensweisen an, die sich für ihn richtig anfühlen, ohne darüber nachzudenken. Aber sind diese auch immer gut für ihn?
Wenn du zum Beispiel die Finger ineinandergreifen lässt, so tust du dies stets auf dieselbe Art und Weise, sodass immer derselbe Daumen zuvorderst ist. Verschränkst du die Finger einmal anders, so fühlt sich das „falsch" an. Wir bewegen uns also ganz automatisch.
Da ist es hilfreich, einmal bewusst innezuhalten und nachzuspüren, was in unserem Körper geschieht, damit wir alte Gewohnheiten ablegen können und frei werden zwischen verschiedenen Verhaltensmöglichkeiten zu wählen.
F. M. Alexander entwickelte eine Methode, die das Zusammenspiel von verschiedenen Bewegungsabläufen, vor allem von Kopf, Hals und Rumpf verbessern soll, und setzte diese zunächst im Schauspielunterricht ein. Aber auch in anderen Bereichen findet die Alexander-Technik heute immer mehr Anwendung. Und da F. M. Alexander ein passionierter Reiter war, was liegt da näher, als sich seine Erkenntnisse auch beim Reiten zunutze zu machen?

Die Alexander-Technik

Der Begründer der Alexander-Technik ist Frederick Matthias Alexander, ein Schauspieler, der vor etwa 100 Jahren lebte. Er entwickelte eine Lehrmethode, die es dem Menschen ermöglichen soll, seine Haltungs- und Bewegungsgewohnheiten bewusst wahrzunehmen, um so in der Lage zu sein, Verhaltensweisen abzulegen, die ihm schaden.
Jeder Mensch gewöhnt sich Verhaltensweisen an, die sich für ihn richtig anfühlen, ohne darüber nachzudenken. Aber sind diese auch immer gut für ihn?
Wenn du zum Beispiel die Finger ineinandergreifen lässt, so tust du dies stets auf dieselbe Art und Weise, sodass immer derselbe Daumen zuvorderst ist. Verschränkst du die Finger einmal anders, so fühlt sich das „falsch" an. Wir bewegen uns also ganz automatisch.
Da ist es hilfreich, einmal bewusst innezuhalten und nachzuspüren, was in unserem Körper geschieht, damit wir alte Gewohnheiten ablegen können und frei werden zwischen verschiedenen Verhaltensmöglichkeiten zu wählen.
F. M. Alexander entwickelte eine Methode, die das Zusammenspiel von verschiedenen Bewegungsabläufen, vor allem von Kopf, Hals und Rumpf verbessern soll, und setzte diese zunächst im Schauspielunterricht ein. Aber auch in anderen Bereichen findet die Alexander-Technik heute immer mehr Anwendung. Und da F. M. Alexander ein passionierter Reiter war, was liegt da näher, als sich seine Erkenntnisse auch beim Reiten zunutze zu machen?

Beim Reiten soll die Alexander-Technik helfen, die Selbstwahrnehmung zu verbessern, um zu lernen, welche Handlungen was bewirken. Daher ist sie eine sinnvolle Ergänzung, um zum Beispiel Sitz- oder Haltungsfehler oder Anspannungen und Verkrampfungen zu vermeiden oder zu beheben.
Die Schulung geschieht über eine sanfte Führung durch den Reitlehrer, das heißt, der Lehrer benutzt bei jedem Schritt seine Hände, um die Aufmerksamkeit seines Schülers auf seinen Körper zu lenken, beginnend beim Kopfgelenk. Durch die Hände des Lehrers spürt der Schüler genau jede Verspannung oder Steifheit und lernt sich besser zu bewegen. Man nennt dies in der Alexander-Technik den „guten Gebrauch".
Und da es viel sinnvoller ist, diese neuen Bewegungsabläufe zunächst an einfachen Tätigkeiten zu erlernen – also zum Beispiel beim Gehen, Stehen oder Sitzen – ist es durchaus üblich, dass mit dem Unterricht zum Beispiel auf einem Holzpferd begonnen wird. Das hat den Vorteil, dass sich der Schüler ganz auf seinen eigenen Körper konzentrieren kann, ohne dass sich ein Pferd unter ihm bewegt. Normalerweise finden dann zunächst Reitstunden im Schritt an der Longe statt, um das Gefühl für die aufrechte, entspannte Haltung weiterzuentwickeln. Das Pferd ist wie ein Spiegel des Reiters und wird mit schönen Bewegungen darauf reagieren. Manche Lehrer bitten ihre Schüler auch sich auf einen Tisch zu legen, weil sie auf diese Weise ein Nachlassen der Spannung im Hals und im Rücken erwirken können.

Um die Technik richtig zu erlernen, braucht es einige Zeit und Geduld, doch wenn man sie einmal verinnerlicht hat, lässt sie sich auf andere Lebensbereiche übertragen. Aber Geduld bringst du zum Reiten sicher ohnehin mit.

Die Autorin

Sarah Bosse

Sarah Bosse, Jahrgang 1966, wuchs im Münsterland auf und studierte in Münster Germanistik und Nordistik. Seit ihrem Examen 1993 arbeitet sie als freie Kinder- und Jugendbuch-Autorin sowie als Übersetzerin für schwedische Jugendliteratur. Mit der Übersetzung „Rollenspiele" (Autor: Hans Olsson) war sie 1997 für den deutschen Jugendliteraturpreis nominiert. Sarah Bosse veröffentlichte bisher ca. 50 Bücher. Neben vielen Erstleser-, Pferde- und Abenteuerbüchern sowie Beiträgen in Anthologien schrieb sie auch als Ghostwriterin zahlreiche Bände der „Fünf Freunde" von Enid Blyton.
Sarah Bosse wohnt mit ihrem Mann und ihrem erwachsenen Sohn bei Münster.

Der Illustrator

Stephan Baumann

Stephan Baumann, 1965 in München geboren, arbeitete nach seinem Studium zunächst als Diplom-Kommunikationsdesigner an der Fachhochschule München. 1994 verbrachte er als freischaffender Künstler in New York. Später übernahm er eine Gastprofessur im Studiengang Kommunikationsdesign an der Fachhochschule München. Seit 2001 ist er Dozent an der Hochschule für Film und Fernsehen München in den Bereichen Film und Fernseh-Szenenbild. Bereits während des Studiums illustrierte er die ersten Kinderbücher, inzwischen sind es etwa 100 Titel.
Stephan Baumann lebt mit seiner Frau und seinen beiden Kindern mitten in München, wo er sich oft aufs Land wünscht. Einen Bauernhof zu haben, einen Obstgarten, ein Pferd und viele andere Tiere, das wäre sein Traum.

– Von kleinen und großen Abenteuern … –

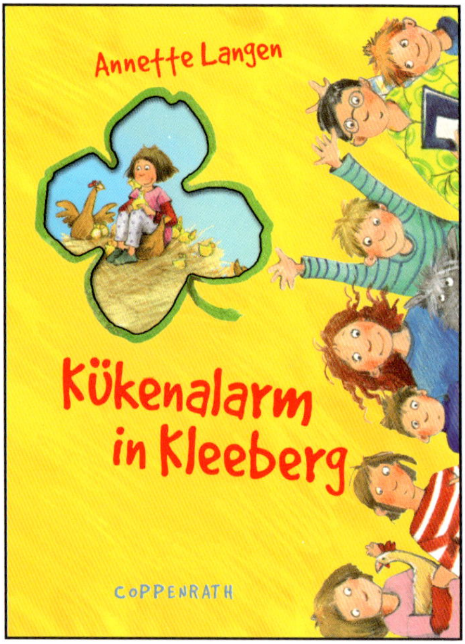

Annette Langen

Kükenalarm in Kleeberg

Nicht viele Leute kennen Kleeberg, dabei ist es nirgendwo so schön wie in dem kleinen Dorf auf dem Hügel. Da sind sich die Kinder, die dort wohnen, einig. Schließlich sorgen Leonie, Fabian, die Zwillinge Emilia und Bastian, die drei „Ms" Max, Malte und Marinus und Nils auch dafür, dass immer etwas los ist. Und wenn sie nicht gerade beim Stallausmisten oder bei der Kartoffelernte helfen, bauen sie einen Staudamm oder kümmern sich um die vielen Tiere. Denn auch Hängebauchschwein Siegried, Papagei Otto, Pony Pünktchen, Robin Hood und die anderen tierischen Bewohner brauchen Aufmerksamkeit …

128 Seiten, mit vielen farbigen Illustrationen
ISBN 978-3-8157-3734-7

...in Kleeberg!

Annette Langen

Wilde Wetten in Kleeberg

Nirgendwo ist es so schön wie in Kleeberg, dem kleinen Dorf auf dem Hügel. Da sind sich die vielen Kinder, die dort wohnen, einig. Schließlich sorgen sie auch dafür, dass hier immer etwas los ist: Am Ortseingang baumelt ein Schild, auf dem steht, dass Emilias Bruder Bastian zu verkaufen ist. Leonies Vater stapft nachts im Bademantel zum Forellenteich und Hängebauchschwein Siegfried fährt in Onkel Roberts Cabrio mit. Die Kinder dürfen im Wohnwagen übernachten und bauen eine tolle Baumbude. Langweilig wird es ihnen also bestimmt nicht!

128 Seiten, mit vielen farbigen Illustrationen
ISBN 978-3-8157-3735-4

COPPENRATH

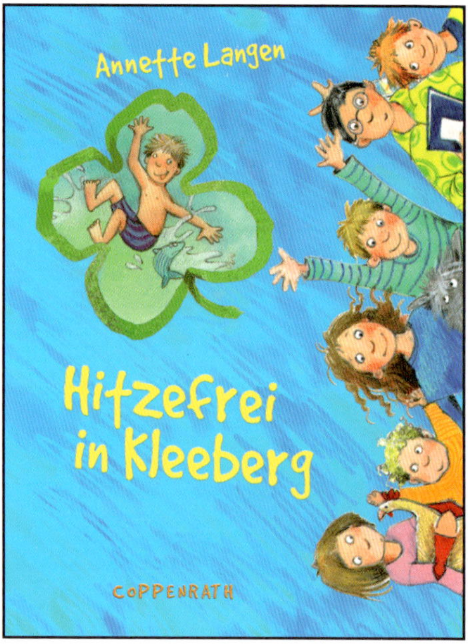

Annette Langen

Hitzefrei in Kleeberg

Im Sommer ist es besonders schön in Kleeberg. Klar, dass sich die Kinder, die dort wohnen, auf die Ferien freuen! Wie könnte es auch langweilig werden? Das Freibad lockt, ein rasender Hundertfahrer muss gebremst werden und Kalli braucht wegen des drohenden Regens blitzschnelle Hilfe bei der Heuernte. Dann ist da noch das Rätsel um die platten Autoreifen!
Und nicht zu vergessen das Liebesabenteuer von Nils' Hund Beethoven und der neuen Hündin von Oma und Opa Has, dessen Folgen die Kinder von Kleeberg neun Wochen später bestaunen können ...

120 Seiten, mit vielen farbigen Illustrationen
ISBN 978-3-8157-4093-4

Zickenalarm in der 4a!

Patricia Schröder **Lila Lakrizzen**

Leo hat Zickenzoff

Als Leo neu in die Klasse 4a kommt, freundet sie sich sofort mit Dotte, der Außenseiterin, an. Doch sie hat nicht damit gerechnet, welchen Zickenzoff sie damit auslöst! Fanny, die Anführerin der Klasse, und Maja, die immer an ihrem Rockzipfel hängt, machen den beiden das Leben schwer.
Kein Wunder also, dass Leo und Dotte den beiden eins auswischen wollen, als Fanny beschließt einen Mädchenclub zu gründen und mit Hilfe eines Tests Mitglieder sucht.

112 Seiten, mit vielen farbigen Illustrationen
ISBN 978-3-8157-3752-1

— Freundinnen halten zusammen! —

Patricia Schröder **Lila Lakrizzen**

Maja im Omafieber

Mehr durch Zufall erfährt Maja, dass Oma Lisbeth in ein Seniorenheim ziehen soll. Und das Schlimmste ist: Die weiß nicht mal Bescheid! Maja macht sich große Sorgen und ohne die Hilfe der Lila Lakrizzen hätte sie dabei sogar die Hauptrolle als Feenkönigin in der Eiskunstlauf-Aufführung verloren. Nicht zuletzt, weil ein geheimnisvoller Saboteur vor den Proben immer wieder ihre Schlittschuhe verschwinden lässt ...

112 Seiten, mit vielen farbigen Illustrationen
ISBN 978-3-8157-3753-8

Hurra, Ferien!

Patricia Schröder **Lila Lakrizzen**

Dotte kriegt die Krise

Auf nach Italien!", heißt es für die Lila Lakrizzen. Denn Dottes Opa hat die vier Freundinnen und Dottes kleinen Bruder Alessio dorthin eingeladen. Eine Woche Sonne, Strand und Meer – was gibt es Schöneres! Doch gleich am ersten Morgen ist Dottes kleiner Bruder verschwunden und alle machen sich große Sorgen! Ob die vier Jungen aus der geheimnisvollen Felsenhöhle am Strand, die die Lila Lakrizzen von Anfang an genervt haben, etwas mit Alessios Verschwinden zu tun haben?

112 Seiten, mit vielen farbigen Illustrationen
ISBN 978-3-8157-4063-7

Abenteuer Lesen!

Thomas Brezina **Kolumbus und du**

Das Amulett des Pharao

Steig in Kolumbus, das Forscher-Schwimm-Fahr-Flugzeug, und reise mit Miki, Tino-T-Rex und ihrer Ratte Zik ins Alte Ägypten! Löse das Geheimnis rund um das Amulett des Pharao und erforsche das Leben der alten Ägypter:

- Mussten die Kinder vor 4000 Jahren zur Schule gehen?
- Was haben sie gespielt?
- Gab es damals schon Toiletten?
- Was ist das Tal der Könige?
- Wie sieht es in einem Pharaonengrab aus?

In der Reihe „Kolumbus und du" verknüpft Thomas Brezina spielerisch Wissen und Information mit spannenden Abenteuergeschichten.

128 Seiten, mit vielen farbigen Illustrationen

ISBN 978-3-8157-3515-2

Abenteuer Südsee!

Thomas Brezina **Kolumbus und du**

Der Schatz des Schwarzen Hais

Steig in Kolumbus, das Forscher-Schwimm-Fahr-Flugzeug und rette Delfine! Mach dich auf die Suche nach dem Schatz des Schwarzen Hais, löse das Rätsel der geheimnisvollen Schatzkarte und erforsche:

- Warum brauchen Haie keinen Zahnarzt?
- Müssen Fische trinken?
- Warum schmeckt Meerwasser salzig?
- Gibt es den Kettenkatzenhai wirklich?

In der Reihe „Kolumbus und du" verknüpft Thomas Brezina spielerisch Wissen und Information mit spannend und prägnant geschriebenen Abenteuern.

144 Seiten, mit vielen farbigen Illustrationen
ISBN 978-3-8157-3514-5